魔幻拉美

I

動盪中的華麗身影

陳小雀——著

目錄

五、古巴與禁運

六、藥物與毒品

七、毒品與暴力

自序

攤開美洲地圖，美國以南的拉丁美洲世界散發出魔幻氛圍，無論社會結構、抑或文化傳統，與美國迥然不同。對於美國，國人相當熟悉，雖然不一定完全瞭解美國的文化內涵，但在政治觀點、國際關係決策上，無不遵守美國政策。相較之下，拉丁美洲似乎鮮少引起共鳴，幾個誤用名詞、幾個知名人物、幾樁新聞事件，大概就是我們所知道的拉丁美洲！

「拉丁美洲」這個名詞，係在美墨戰爭（1846-1848）之後才出現。常有人以為，拿破崙三世（Napoleón III，1808-1873）創造了這個詞，讓法蘭西第二帝國以「泛拉丁主義」為由，藉機重返新大陸。事實上，「拉丁美洲」一詞，是當時西語美洲知識分子在獨立之際追求文化認同時的反思，其中以智利哲學家畢爾包（Francisco Bilbao，1823-1865）為代表。由於畢爾包成立「平等社會」（Sociedad de la Igualdad）社團，引起政府的不滿而被迫流亡，在流亡歐洲期間，意識到西語美洲必需團結，致才能在國際上立足，於是，畢爾包於一八五六年首次在巴黎發表「拉丁美洲」一詞，對照「盎格魯撒克遜美洲」的強大，呼籲西語美洲不應再分裂。

對臺灣讀者而言，拉丁美洲不僅距離上十分遙遠，精神上更是遙不可及。在臺灣，大家習慣以「中、南美洲」來稱呼「拉丁美洲」，但是，「中、南美洲」一詞並不正確。地理上，以巴拿馬地峽為界，美洲分為「北美洲」及「南美洲」；其中，北美洲亦可再分出中美洲，即今日的瓜地馬拉、宏都拉斯、薩爾瓦多、哥斯大黎加、尼加拉瓜、貝里斯，並擴及加勒比海地區（El Caribe）。然而，墨西哥應歸北美洲，卻常被誤以為是中美洲。的確，一張模糊的時空地圖，再加上幾樁喧嘩的新聞事件，我們對拉丁美洲不僅知之甚少，甚至頗有偏見。

一個大陸、兩個世界，美洲分為「盎格魯撒克遜美洲」與「拉丁美洲」，兩者壁壘分明，對比鮮明。「拉丁美洲」象徵絢麗、繽紛、精采，同時又代表混亂、動盪、貧窮，就如同魔幻寫實作家筆下的情節一般，既神奇又悲慘。除了非洲那個被大國丟棄的戰略棋盤之外，世上還有哪一個地方如拉丁美洲一般充滿矛盾荒謬？

地理上，拉丁美洲北起美、墨邊界，南至火地群島（Tierra del Fuego）。在這廣袤區域內，地形多貌複雜：荒漠莽原、砂岩礫土、崇山峻嶺、沼澤雨林、冰川雪簷……各種奇觀異景，莫不具備。時間上，跨越數千年歷史，追溯至前哥倫布文明，含括西、葡等國三百年的拓殖，以及兩百餘年的獨立建國史。如此繁複多樣的時空元素，交織出一張迷人的人文地圖。只是，這張迷人的人文地圖在世界歷史中往往被忽略，以致外界以為她在「孤寂」中悄悄發展。

從亙古到現代，拉丁美洲儼然奇幻世界，令人驚呼連連！

這裡，是數學及天文學家的搖籃，馬雅人算出一串數字，讓今日的我們以為末日預言而騷動。這裡，是世界原物料的供應地，金、銀、銅、硝石、石油、甘蔗、咖啡等，讓貪婪的投資客趨之若鶩。這裡，是獨裁者的舞臺，為鞏固權位，不惜發動政爭，甚至甘願淪為美國政府的傀儡，而留下自大、孤傲、狂妄與殘暴的形象。這裡，是革命英雄的戰場，解放思潮、民族認同與人道主義，在烽火中鍛鍊而成。這裡，是父權宰制下的社會，母性無畏的勇氣卻在暴戾氛圍中益發突出，一位位女性總統改寫拉美政治史。這裡，是大麻、古柯鹼、海洛因三大毒品的轉運中心，毒品儼然新興宗教，衍生出犯罪次文化，販毒集團紛紛成立，大毒梟一個接著一個登場，寫下驚心動魄的「毒品演義」。

從亙古到現代，拉丁美洲彷彿詭譎迷宮，引人一探究竟！

感謝《自由時報》電子報中心自由評論網主編潘靜怡小姐的邀請，在電子報開闢「魔幻拉美」專欄，以歷史為主軸，多年來已寫了近兩百篇文章，引起讀者的共鳴與迴響；因此，重新整理文稿，以「魔幻拉美」為題出書。

本書共分兩冊。第一冊以「革命與反叛」、「歷史與真相」、「剝削與貧窮」、「獨裁與威權」、「古巴與禁運」、「藥物與毒品」、「毒品與暴力」七個單元，為讀者勾勒拉丁美洲最真實的輪廓，探究寓意深遠的歷史大事。第二冊再以「男人與理想」、「男人與宿命」、「女人與智慧」、「女人與勇氣」、「珍饈與佳餚」、「美酒與飲品」、「美麗與孤寂」七個單元，為讀者掀開拉丁美洲最神祕的面紗，窺探豐饒多元的文化樣貌！

本書有本人嚴謹的學術研究，但個人所學有限，書中難免有疏漏，敬請不吝指教。

拉丁美洲地圖

① 古巴
② 墨西哥
③ 瓜地馬拉
④ 薩爾瓦多
⑤ 貝里斯
⑥ 宏都拉斯
⑦ 尼加拉瓜
⑧ 哥斯大黎加
⑨ 巴拿馬
⑩ 牙買加
⑪ 海地
⑫ 多明尼加
⑬ 波多黎各
⑭ 委內瑞拉
⑮ 哥倫比亞
⑯ 厄瓜多
⑰ 秘魯
⑱ 玻利維亞
⑲ 智利
⑳ 阿根廷
㉑ 烏拉圭
㉒ 巴拉圭
㉓ 巴西
㉔ 法屬圭亞那
㉕ 蘇利南
㉖ 圭亞那

Martinique (FRANCE)
ST. LUCIA
BARBADOS
ST. VINCENT AND THE GRENADINES
GRENADA
BARBADOS
Port of Spain
TRINIDAD AND TOBAGO
Isla de Providencia (COLOMBIA)
Aruba (NETH.)
Curacao (NETH.)
Isla de San Andrés (COLOMBIA)
Barranquilla
Cartagena
San José
Panama City
PANAMA
Maracaibo
Caracas
Valencia
Barquisimeto
Barcelona
14
Ciudad Guayana
San Cristóbal
Cúcuta
VENEZUELA
Medellín
Bucaramanga
Georgetown
26
GUYANA
Paramaribo
25
SURINAME
24
Cayenne
French Guiana (FRANCE)
Pereira
Bogotá
15
Ibagué
Cali
COLOMBIA
Isla de Malpelo (COLOMBIA)
Boa Vista
Macapá
Quito
16
ECUADOR
Guayaquil
Cuenca
Iquitos
Manaus
Santarém
Belém
São Luis
Fortaleza
Teresina
Piura
Chiclayo
Trujillo
Pucallpa
Rio Branco
Pôrto Velho
Huánuco
17
23
PERU
BRAZIL
Huancayo
Lima
Aracajú
Cusco
Ica
Salvador
Trinidad
18
Arequipa
La Paz
BOLIVIA
Cuiabá
Brasília
Goiânia
Cochabamba
Santa Cruz
Sucre
Potosí
Arica
Contagem
Uberlândia
Belo Horizonte
Iquique
Campo Grande
22
Vitória
PARAGUAY
Londrina
Campinas
São Paulo
Santos
Rio de Janeiro
Antofagasta
Asunción
Salta
Ciudad del Este
Curitiba
Joinvile
San Miguel de Tucumán
Isla San Félix (CHILE)
Isla San Ambrosio (CHILE)
Resistencia
Florianópolis
19
CHILE
Porto Alegre
Córdoba
Santa Fe
Salto
21
Valparaíso
Mendoza
Rosario
URUGUAY
Archipiélago Juan Fernández (CHILE)
Santiago
Buenos Aires
Montevideo
La Plata
20
Concepción
ARGENTINA
Bahía Blanca
Mar del Plata
Temuco
Puerto Montt
San Carlos de Bariloche
Comodoro Rivadavia
Río Gallegos
Stanley
Falkland Islands (Islas Malvinas)
(administered by U.K., claimed by Argentina)
South Georgia and South Sandwich Islands
(administered by U.K., claimed by Argentina)
Punta Arenas
Ushuaia
Cape Horn

導言：東方幻象下的新世界

哥倫布雖開啟了航海新紀元，卻直到一五〇六年過世之際，仍然堅信自己來到了東方的印度。新大陸的命名與哥倫布無緣，最後歷史僅給了他一些象徵性的地名，其中之一即南美洲的哥倫比亞！

一四九二年十月十二日，哥倫布（Cristoforo Colombo，1451?-1506）的船隊終於抵達了加勒比海，並在西班牙島（Isla Española）[1]建立第一個據點。穿梭各島嶼之間，哥倫布以為來到《馬可波羅遊記》裡的東方，而稱當地原住民為「印地安人」（indio），即「印度人」之意，而那星羅棋布的島群也被稱為「印度群島」。十月十二日這一天後來也成稱為「西班牙語言文化節」（Día de la Hispanidad），進而成為西班牙國慶日（Fiesta Nacional de España）。

沉醉在東方熱潮中，義大利航海家亞美利哥．韋斯普奇（Amerigo Vespucci，1454-1512）曾加入

1 或譯為「伊斯帕尼奧拉島」，今日島上有海地、多明尼加兩國。

西班牙的探險隊。除了實地探訪外，韋斯普奇並仔細研究其他探險家的日誌書簡，歸納出哥倫布所抵達的「東方」，其實是一塊位於歐亞中間的「新大陸」。韋斯普奇善於書寫，於是將他的航海見聞和

▲ 一四九二年十月十二日，哥倫布船隊終於抵達加勒比海，一行人登上一個小島，並將這座島嶼命名為西班牙島，在宣揚西班牙勢力之際，同時也拉開美洲文明浩劫的序幕。

地理結論紀錄下來，寄給義大利的朋友，這些信件後來出版成書，從此韋斯普奇的論述廣為流傳。地理學家肯定韋斯普奇的論述，沿襲希臘神話中歐亞非皆為陰性的命名傳統，將義大利文亞美利哥（Amerigo）改為亞美利加（America），替「新大陸」命名，乃「美洲」一詞之由來。

至於哥倫布，雖開啟了航海新紀元，往返新舊大陸之間達四次之多，卻直到一五〇六年過世之際，仍然堅信自己來到了東方的印度。史學家對哥倫布的歷史地位與功過有兩極化的筆戰。有人視他為幻想家、或理想主義者；也有人將他當成騙徒，以花言巧語蠱惑西班牙女王。新大陸的命名與哥倫布無緣，最後歷史僅給了他一些象徵性的地名，其中之一即南美洲的哥倫比亞（Colombia）。

為了拓殖海外殖民地，西班牙征服者紛至沓來，意圖在刀光劍影中追逐功勛、在荒山野嶺中淘金致富。首先，以西班牙島為基地，西班牙於一五〇八年征服波多黎各、一五〇九年來到牙買加、一五一一年占領古巴。在西班牙征服者的暴虐拓殖下，加勒比海的原住民人口銳減，為了維持勞動人力，西班牙自非洲輸入黑奴，因而改變美洲的人種。一五二一年，西班牙征服墨西哥，接著南下至瓜地馬拉、祕魯、智利等地，僅數十年光景，美洲廣袤的土地淪為西班牙殖民地。美洲大陸上所綻放的古文明，如阿茲特克（Azteca）、馬雅（Maya）、印加（Incaa）等，也一一遭摧毀。

西班牙能以寡擊眾，有其因素。首先，與摩爾人纏鬥八百年期間，讓西班牙練就了優良戰術，尤其精於合縱連橫、挑撥離間。其次，西班牙人的武器較為精良，戰馬、獵犬、槍枝、彈藥、大砲，皆是美洲印地安人從未見過的武器。最後，西班牙人從歐洲帶來天花、麻疹、斑疹傷寒、流行性感冒等傳染病，美洲印地安人因無抗體，而大量染病身亡。

西班牙以歐洲為藍圖建設美洲，而將「西屬美洲」[2]劃分成數個行政區，並任命貴族擔任各殖民地的總督、或掌握軍政等重要職務。這些來自伊比利半島的白人，俗稱半島人（peninsular），封建思想根深柢固，仍執著於血統、階級、出身的迷思中，自認是尊貴的統治者。半島人在美洲出生的子女，被稱為「克里歐優」（criollo）。隻身前往美洲的西班牙士兵、或階級較低的拓殖者，則與印地安女子結合，因而生出了一批被泛稱為「梅斯蒂索」（mestizo）的混血人種。再加上從非洲輸入的黑奴，又多出了被名為「姆拉多」（mulato）的黑白混血兒。不同種族之間不斷混血，不僅使得美洲人種繁複多元，也造成社會階級對立。十九世紀中葉，黑奴尋求解放，部分殖民政府如古巴等，只好由中國引入苦力以替補勞力，華人因而在美洲歷史留下雪泥鴻爪，為美洲人種增添新血。

東方幻象下的新世界，在西班牙等歐洲國家的拓殖下，一齣荒謬的悲喜劇上演了三百餘年！

2 西班牙文有陰陽性，「克里歐優」為陽性，指男性，女性為「克里歐雅」（criolla）；同樣，「梅斯蒂索」為男性，「梅斯蒂莎」（mestiza）是混血女人；「姆拉多」為黑白混血男孩，黑白混血女孩則為「姆拉妲」（mulata）。

自歐洲征服者踏上今日的拉丁美洲之後，
革命似乎成為解放的唯一方法，占據拉美歷史重要扉頁。
原住民揭竿起義、歐洲後裔認同土地、
人民反抗獨裁政府、游擊隊視死如歸……
革命思潮並在思想家、哲學家、
宗教家心中起了漣漪，紛紛走向反叛之路。

1. Chapter

革命與反叛

圖帕克·阿馬魯的革命解放精神

圖帕克·阿馬魯在印加官話克丘亞語裡，即「火蛇」、「猛蛇」之意，其堅忍不拔的意志，成為反抗強權的精神象徵，創造出拉丁美洲式的「默西亞」神話，譜寫了游擊戰的歷史背景。

一五三三年，西班牙征服者法蘭西斯克·皮薩羅（Francisco Pizarro，1471-1541）占領庫斯科（Cusco），輝煌的印加帝國就此結束。然而，印加皇族的反叛力量卻暗地以游擊戰方式進行，自一五三七至一五七二年，建立一個新印加帝國，以鄰近亞馬遜雨林的比爾卡班巴（Vilcabamba）為疆域，傳承了四代，意圖推翻西班牙的統治。爾後，比爾卡班巴被稱為「世

界游擊隊之都」。

一五六六年，新印加帝國的第三代皇帝蒂圖．庫西．尤潘基（Titu Cusi Yupanqui，1526-1570）為緩和雙方的對峙情勢，而與西班牙人簽訂阿貢班巴和約（Tratado de Acobamba），不僅自己與皇室成員受洗成為天主教徒，也同意讓西班牙傳教士進入領土。不過，蒂圖．庫西．尤潘基突然於一五七〇

▲ 祕魯起義分子何塞．加夫列爾．孔多爾坎基乃圖帕克．阿馬魯一世的外玄孫，自稱圖帕克．阿馬魯二世，他掀起一場驚天動地的革命運動，但終究失敗。

▶ 此為十六世紀的古抄本，紀錄帕克．阿馬魯一世失敗始末。圖帕克．阿馬魯一世的復國大業雖然失敗了，但他的名字成為印加後裔爾後反抗強權的精神象徵。

年過世，謠傳係遭西班牙人下毒而亡，因此雙方緊張情勢再度升溫。

末代皇帝圖帕克．阿馬魯（Túpac Amaru，1545-1572）個性堅忍不拔，其名字在印加官話克丘亞語（quechua）裡，即「火蛇」、「猛蛇」之意。在鷹派大臣的支持下，圖帕克．阿馬魯不再履行阿貢班巴和約，於是驅逐傳教士、關閉邊境、整軍經武，準備光復舊印加帝國，甚至處決了兩名西班牙大使。祕魯總督弗朗西斯科．德托萊多（Francisco Álvarez de Toledo，1515-1582）以圖帕克．阿馬魯未遵守「兩國交戰不斬來使」為由，而於一五七二年四月正式向新印加帝國宣戰。儘管圖帕克．阿馬魯驍勇善戰，仍不敵西班牙的精良部隊與戰略優勢，終於被捕。

一五七二年九月二十四日，在庫斯科—昔日印加帝國首都—的大廣場上，人山人海，印加後裔目睹圖帕克．阿馬魯被處決，現場迴盪著哭泣聲。據信，圖帕克．阿馬魯就義前，以克丘亞語留下遺言：「大地之母，您見證了敵人如何讓我鮮血淋漓。」

從此，「圖帕克．阿馬魯」一直活在印加後裔心中，更成為反抗強權的精神象徵。

一七八〇年十一月四日，何塞．加夫列爾．孔多爾坎基（José Gabriel Condorcanqui，1742-1781）不忍無數的奴工遭剝削而葬身在波托西（Potosí）銀礦區，於是以圖帕克．阿馬魯的外玄孫身分，自稱圖帕克．阿馬魯二世（Túpac Amaru II），掀起一場驚天動地的革命運動，逮捕當時的祕魯總督且將之處以絞刑。圖帕克．阿馬魯二世儼然救世主「默西亞」，宣布解放奴隸，廢除剝削制度。成千上萬的原住民紛紛投靠他的陣營，尊他為「所有貧苦、無依無靠者之父」。

圖帕克·阿馬魯二世與自己的外高祖一樣，終究難逃失敗的命運。一七八一年五月十八日，他被押解至庫斯科的大廣場上，先被割下舌頭，四肢再分別被綁在四匹馬上。馬匹沒撕裂他的軀體，於是，劊子手砍下他的頭顱與四肢，丟棄至不同地方，最後燒毀他的軀體，將骨灰灑到河裡。

圖帕克·阿馬魯二世看似灰飛煙滅，卻化成革命解放精神，宛如風一般，四處遠颺。

一九六〇年代，烏拉圭一支左派組織改變「圖帕克·阿馬魯」的寫法，成立「圖帕馬羅斯國家解放運動」（El Movimiento de Liberación Nacional-Tupamaros），意圖仿傚古巴大革命，以城市為據點，發動游擊戰推翻獨裁政權。雖然解放運動頻頻遭鎮壓，但也於一九八九年併入左派的「廣泛陣線政黨」（Frente Amplio）。

一九八四年，祕魯左派革命分子成立了「圖帕克·阿馬魯革命運動」（El Movimiento Revolucionario Túpac Amaru），同樣以城市為據點，進行武裝革命。在眾多行動中，以一九九六年十二月十七日攻占日本駐祕魯大使館一事，最受國際矚目。占領使館並挾持人質達四個多月，祕魯政府後來決定派突擊部隊解救人質。結果，七十二名「圖帕克·阿馬魯革命運動」成員全遭擊斃，導致組織潰散。

圖帕克·阿馬魯的革命解放精神，在強權的淫威下，創造了拉丁美洲式的「默西亞」神話，傳奇賦予人民勇氣，將個人的生死置之度外，毅然起義反抗強權，冀望追求春天。如此氛圍譜寫了游擊戰的歷史背景。

克里歐優白人的「土地認同」

受到啟蒙運動的影響，以及美國獨立建國、法國大革命的鼓舞，埋藏克里歐優白人心中的「土地認同」終於萌芽茁壯，而於一八一〇年吹起獨立戰爭的號角。

歷經三百年的歲月，由西班牙傳入的文化、語言、藝術、風俗、習慣、飲食，受到自然環境和原住民文化的濡染，與歐陸風格漸行漸遠，進而遞嬗成自己的美洲新文化，令克里歐優白人產生「土地認同」。

克里歐優白人繼承了西班牙父母的血統與產業，其地位高於梅斯蒂索人、印地安人、黑人、姆拉多人及其他有色人種，但卻必須臣服於來自西班牙的半島人。換言之，克里歐優白人雖擁有經濟利益，但商業及貿易仍掌控在半島人手中。此外，克里歐優白人不僅無法享受政治權力，也少有機會參與公共事務與行政決策。

對半島人而言，「克里歐優」乃雙關語，既是「溫室裡的紈絝子弟」，也是「飼養於家中的雞隻」

（pollo criado en casa），衍生出「本土」、「在地」之意，因此，亦指出生於美洲的黑人。出生在美洲，克里歐優白人注定受制於半島人，包括思想在內。

▲ 一八一〇年九月十六日清晨，伊達爾戈神父率領群眾高喊獨立，展開墨西哥獨立運動。

▲ 聖馬丁出生於阿根廷，他不僅投入阿根廷的獨立運動，並越過安地斯山脈，解放了智利與祕魯。

▶ 伊達爾戈神父的呼聲喚醒各個階層的自由意識，共同譜寫英雄事蹟，為墨西哥催生。

西班牙以宗教法庭箝制殖民地思想，長期嚴格管制書籍，禁止自由思潮進入西屬美洲。克里歐優白人對此十分不滿，於是祕密走私思想性書籍，而來自歐陸的思想性書籍漸漸開啟克里歐優白人追求自由的心。

西班牙無視於耶穌會在美洲殖民地的卓越貢獻，一味顧忌耶穌會在美洲日益壯大的勢力，而於一七六七年驅逐耶穌會。此舉引發西屬美洲嘩然，當地教會更是嚴厲批評西班牙的專制。

對西班牙不滿的情緒悄悄蘊釀成一股獨立浪潮，埋藏克里歐優白人心中的「土地認同」終於萌芽，但仍需外部的鼓舞與影響，追求自由的意志才得以茁壯。

首先，受到歐洲啟蒙運動的鼓舞。克里歐優白人留學歐陸時，深受啟蒙思想的薰陶，有助於爾後傳遞自由思想與解放運動。

一七七六年，北美英國殖民地簽下《美國獨立宣言》。一七八九年，法國爆發大革命，「自由、平等、博愛」的口號飄揚至西屬美洲，《人權宣言》亦隨之祕密流傳。美國獨立建國與法國大革命，成為西屬美洲追求自由的典範。

十八世紀末，西班牙內部出現危機，不僅經濟情況窘迫，同時還失去了歐陸的屬地與聲望。西班牙帝國式微，法國覬覦伊比利半島，意外點燃西屬美洲的獨立戰火。

一八〇七年，拿破崙軍隊藉一紙西、法協議，取道西班牙入侵葡萄牙，造成葡萄牙王室避難巴西。一八〇八年，法軍趁機占領西班牙，國王費南度七世（Fernando VII，1784-1833）遜位，拿破崙立其兄約瑟夫（José Bonaparte，1768-1844）繼任西班牙國王。法國入侵一事，促使西屬美洲群起表達對西班牙皇室的效忠，而於一八一〇年吹起獨立戰爭的號角。雖然西班牙國王後來於一八一四年復位，但此一效忠王室之舉，卻演變成克里歐優白人爭取政治及經濟解放的獨立運動。

於是，克里歐優白人不再是「溫室裡的紈綺子弟」，而與梅斯蒂索人、印地安人、黑人、姆多拉人及其他有色人種並肩作戰，為民主國家催生。委內瑞拉的玻利瓦（Simón Bolívar，1783-1830）被尊為「解放者」，經歷了漫長的獨立戰爭，終於解放了五國，其姓氏爾後也成為玻利維亞的國名。在墨西哥，伊達爾戈（Miguel Hidalgo，1753-1811）神父的呼聲，喚醒各個階層的自由意識，雖然翌年就兵敗遭處決，甚至還落得身首異處，但從此成為墨西哥國父。阿根廷的聖馬丁（José de San Martín，1778-1850）解放了智利與祕魯，卻將解放祕魯的榮譽讓給玻利瓦，留下英雄風範。

質言之，克里歐優白人儼然美洲新文化的開創者，打破血統、階級、出身的迷思，肩負捍衛土地的重責大任。諸多時代兒女因認同土地而投入獨立運動，英勇事蹟與美洲歷史同行。

在沉默中對抗剝削的拉丁美洲

唯有傻子才會認為沉默是虛無，其實並非如此；有時，沉默是最好的溝通方式。面對拓殖與剝削，拉丁美洲在沉默中寫下崎嶇歷史，同時展現堅韌精神。

在哥倫布「發現」美洲之際，當地原住民也「發現」他們叫做印地安人，「發現」他們原來是野蠻人，「發現」他們竟然從主人身分降級為奴隸，不僅得雙手奉送自己的土地，還得任由拓殖者四處淘金挖礦、濫墾濫伐。雖然西班牙拓殖者找到的黃金有限，卻意外在墨西哥高原及安地斯山區挖出可觀的白銀，令西班牙帝國一夕間躍升為世界霸權。同時，葡萄牙征服者在巴西，發現一種樹幹內部呈現鮮紅色的硬木[3]，可從中萃取出紅色染料，於是濫伐，從中獲得暴利，導致巴西蘇木在短短半世紀

3 即巴西蘇木。

幾乎瀕臨絕種。

隨著更多物種與礦產被發現，再加上甘蔗、咖啡等舊大陸作物移植成功後，西、葡美洲殖民地淪為原料與勞工供應地。西、葡殖民地在獨立建國後，並未走向康莊大道，卻因政爭而動盪不安，因此被以「拉丁美洲」稱之。十九世紀中葉以降，跨國企業挾帶大量資金進駐，在自由主義的經濟政策下，拉丁美洲依舊是原料供應地，只是剝削者從西、葡宗主國變成歐美跨國企業。為了攫取更多利益，歐美國家甚至暗地鼓動戰爭，撕裂了拉美國家血濃於水的民族情愫，也導致戰敗國瀕臨破產邊緣，而被迫大開門戶，任由歐美企業予取予求。更為甚者，拉丁美洲後來還被戲稱為美國的「後院」，拉美國家幾乎成為美國的「附

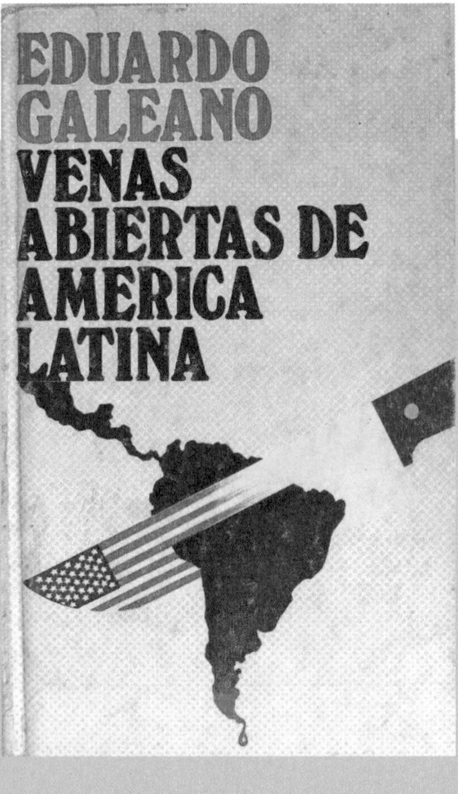

▶ 烏拉圭作家加萊亞諾以《拉丁美洲—被切開的血管》為題，寫下一頁頁拉美受難史，筆調冷靜，充滿黑色幽默。

◀ 圖為安地斯山脈一景。安地斯山脈結構緊湊，為世界上最長的山脈，除了孕育出許多前哥倫布文明之外，也蘊藏煤、銀、銅、鎳、鐵、鋅、鎢、鉻、石油、黃金、白金、綠寶石等礦產。無論拓殖者、抑或投資客，無不想從安地斯山區挖礦致富。

庸國」。

拉丁美洲看似邁入經濟繁榮期，事實上，龐大經濟利益大多由歐美企業所攫取，提供勞力的拉美底層社會依然一貧如洗。地大物博，拉丁美洲竟然淪落到低度開發的地步，甚至是貧窮之地，旖旎風光千瘡百孔。面對剝削，拉丁美洲在沉默中度過五百餘年；即便人民揭竿起義，也是在孤寂中進行。

一九七一年，烏拉圭作家愛德華多·加萊亞諾（Eduardo Galeano，1940-2015）負起史學家的使命，以《拉丁美洲－被切開的血管》（*Las venas abiertas de América Latina*）為題，從拓殖、霸權、資本、勞動、財富、分配等層面切入，寫下一頁頁拉美受難史，於是重重下了注解：「我們的財富哺育著帝國和當地首領的繁榮。」他也以十分無奈的語調表示：「我們甚至失去被稱作美洲人的權利……今日對世界而言，美洲就是美國，我們充其量只是居住在一個身

分模糊的美洲次大陸，一個二等美洲的居民。」

一本鋪寫拉丁美洲五百多年來的乖舛命運，《拉丁美洲－被切開的血管》縷述官方所隱瞞的歷史，字裡行間流洩出冷靜筆調和黑色幽默。自問世以來，曾經被烏拉圭、智利、阿根廷的親美獨裁政府列為禁書。四十餘年來，此書雖不斷再版，並陸續被迻譯為二十種語言，卻儼然孤寂先知，沉寂一陣子。二〇〇九年四月十八日，在第五屆的美洲國家高峰會議上，當時的委內瑞拉總統查維茲（Hugo Chávez，1954-2013）一反挑釁美國總統的作風，刻意在媒體面前，贈送歐巴馬（Barack Obama，1961-）一本西文版的《拉丁美洲－被切開的血管》，淡淡地向歐巴馬表達反帝國主義，此舉意外讓這本書再度竄紅，從亞馬遜網路書店銷售量排行榜六萬多名，一夕之間成為熱門書籍，尤其英文譯本更躍居暢銷書第二名。

加萊亞諾集記者、小說家、隨筆作家於一身，觀察力敏銳，除了以犀利筆觸解析拉丁美洲的崎嶇歷史之外，也善於簡潔文字，以最短的文句，為意義深遠的歷史重新注解，以最短的篇幅，為曲折漫長的人生留下眉批。加萊亞諾不幸於二〇一五年四月十三日辭世，留下《拉丁美洲－被切開的血管》、《女人》（*Mujeres*）、《歲月的孩子》（*Los hijos de los días*）、《鏡子：一部被隱藏的世界史》（*Espejos: una historia casi universal*）、《擁抱之書》（*El libro de los abrazos*）等數十冊巨作，字字珠璣。

加萊亞諾曾說過：「唯有傻子才會認為沉默是虛無，其實並非如此；有時，沉默是最好的溝通方式。」的確，拉丁美洲在沉默中寫下崎嶇歷史，同時展現堅韌精神。

瓜地馬拉歷史上的短暫春天

為了改善國家經濟，並顧及農民及勞工生計，瓜地馬拉於一九五二年展開土地改革，徵收大地主及外國公司的閒置土地，約十四萬農民受益，但卻引發美國聯合水果公司的不悅，而使瓜地馬拉陷入戰亂長達數十年。

自美國聯合水果公司（United Fruit Company）進駐以來，瓜地馬拉便成為典型的「香蕉共和國」（República Bananera），過度依賴經濟作物出口，受雇於大莊園或跨國企業的農工階層，工資微薄，儼然無產階級。在經濟剝削與獨裁統治下，民不堪命。

一九四四年六月，一群教師、學生、工人終於在首都瓜地馬拉城掀起革命。彼時的總統烏必克（Jorge Ubico Castañeda，1878-1946）實施戒嚴，反而令抗議活動益加激烈，擴大至全國各地。烏必克在鎮壓無效後流亡他國。同年十二月，瓜地馬拉舉行有史以來的民主選舉，教授出身的亞雷瓦洛（Juan José Arévalo Bermejo，1904-1990）當選總統。

亞雷瓦洛頒布新憲法，積極推動普及教育，實施社會保險福利，制定法律保護勞工，例如：規定最低工資，限制工時一天八小時，週日得以休息，國定假日工資照常給付，禁止雇用十四歲以下的童工，賦予勞工組織工會及捍衛己身權利的自由。一九五〇年，亞本茲（Jacobo Arbenz Guzmán，1914-1971）當選總統，繼亞雷瓦洛之後，成為瓜國史上第二位民選總統。在亞雷瓦洛和亞本茲的治理下，瓜地馬拉初現民主曙光；因此，一九四四至一九五四年間被歌頌為十年春天。

為了改善瓜地馬拉經濟，並顧及農民及勞工生計，亞本茲於一九五二年展開土地改革，徵收大地主及外國公司的閒置土地，約十四萬農民受益，但卻引發美國聯合水果公司的不悅。亞本茲錯估這個龐大集團背後的政治力量。當時，約翰·福斯特·杜勒斯（John Foster Dulles，1888-1959）是艾森豪（Dwight Eisenhower，1890-1969）的國務卿，亞倫·杜勒斯（Allen Welsh Dulles，1893-1969）則是中央情報局局長。杜氏兄弟不僅擔任過聯合水果公司的法律顧問，也是聯合水果公司的董事，手中持有不少該公司股票。

於是，美國國務院、中情局與聯合水果公司聯手，祕密執行「瓜地馬拉行動」，意圖顛覆亞本茲政府。在美洲國家會議中，國務院誣陷亞本茲政府已遭赤化，威脅到美洲集體安全，因此，必須聯合其他美洲「自由國家」堅守反共立場，慎防國際共產主義滲透美洲，在必要時應訴諸武力。另一方面，中情局暗地收買瓜地馬拉國內反土地改革的傳統勢力，同時資助瓜地馬拉叛變軍官卡斯提幽·亞馬斯（Carlos Alberto Castillo Armas，1914-1957）培訓一支反亞本茲部隊，準備從宏都拉斯和尼加拉瓜，兵

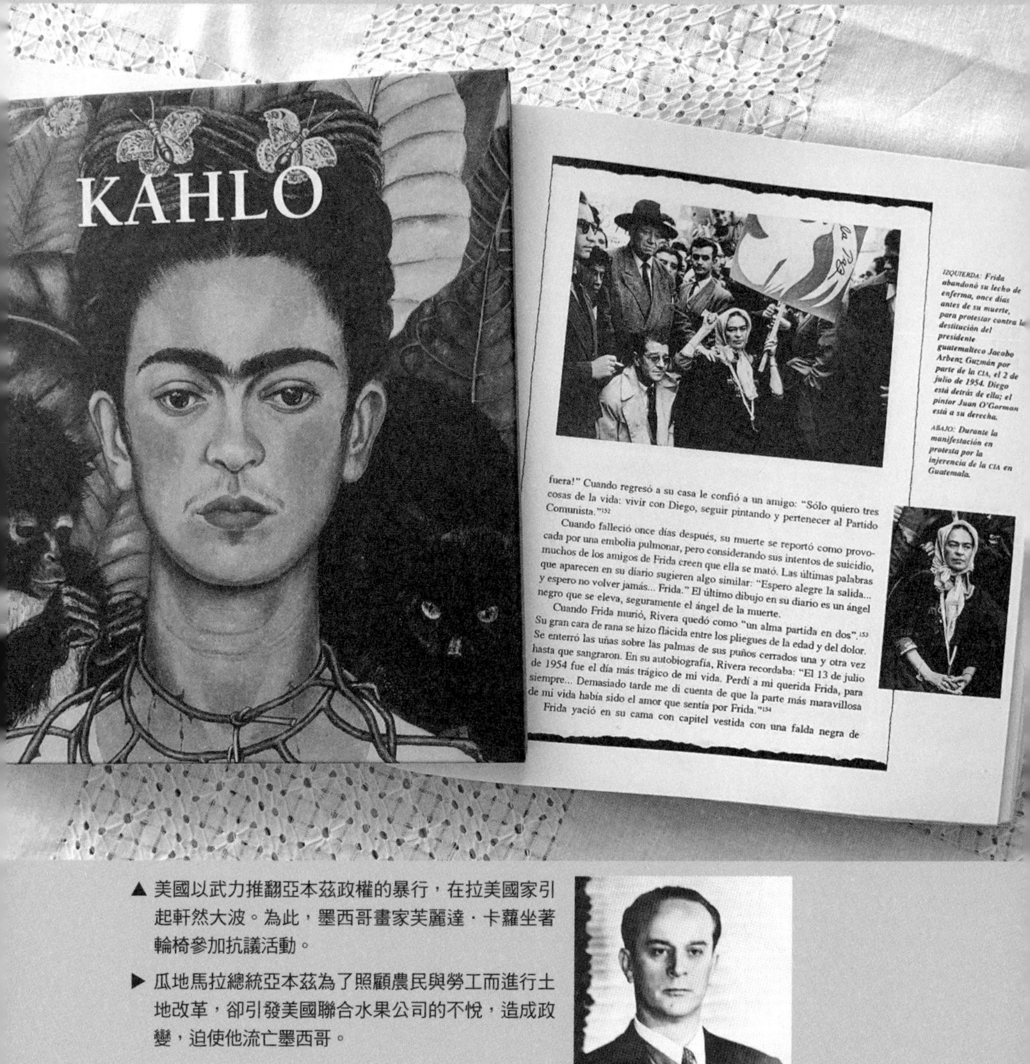
KAHLO
IZQUIERDA: Frida abandonó su lecho de enferma, once días antes de su muerte, para protestar contra la destitución del presidente guatemalteco Jacobo Arbenz Guzmán por parte de la CIA, el 2 de julio de 1954. Diego está detrás de ella; el pintor Juan O'Gorman está a su derecha.
ABAJO: Durante la manifestación en protesta por la injerencia de la CIA en Guatemala.
fuera!" Cuando regresó a su casa le confió a un amigo: "Sólo quiero tres cosas de la vida: vivir con Diego, seguir pintando y pertenecer al Partido Comunista."152
Cuando falleció once días después, su muerte se reportó como provocada por una embolia pulmonar, pero considerando sus intentos de suicidio, muchos de los amigos de Frida creen que ella se mató. Las últimas palabras que aparecen en su diario sugieren algo similar: "Espero alegre la salida... y espero no volver jamás... Frida." El último dibujo en su diario es un ángel negro que se eleva, seguramente el ángel de la muerte.
Cuando Frida murió, Rivera quedó como "un alma partida en dos".153 Su gran cara de rana se hizo flácida entre los pliegues de la edad y del dolor. Se enterró las uñas sobre las palmas de sus puños cerrados una y otra vez hasta que sangraron. En su autobiografía, Rivera recordaba: "El 13 de julio de 1954 fue el día más trágico de mi vida. Perdí a mi querida Frida, para siempre... Demasiado tarde me di cuenta de que la parte más maravillosa de mi vida había sido el amor que sentía por Frida."154
Frida yació en su cama con capitel vestida con una falda negra de

▲ 美國以武力推翻亞本茲政權的暴行，在拉美國家引起軒然大波。為此，墨西哥畫家芙麗達．卡蘿坐著輪椅參加抗議活動。

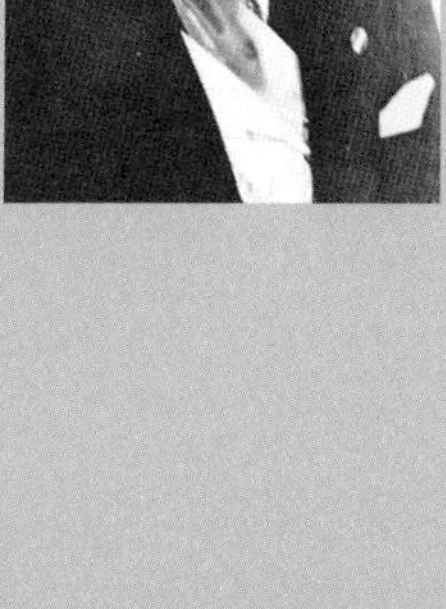

▶ 瓜地馬拉總統亞本茲為了照顧農民與勞工而進行土地改革，卻引發美國聯合水果公司的不悅，造成政變，迫使他流亡墨西哥。

分兩路入侵瓜地馬拉，一舉推翻亞本茲。至於聯合水果公司，則支付反亞本茲部隊軍備與薪餉。

一九五四年六月十七日晚間，卡斯提幽·亞馬斯所率領的部隊越過邊界。隔日拂曉，一架美國C-47運輸機在瓜地馬拉城的上空投擲傳單，警告亞本茲應立即下台，否則持續擴大攻擊行動。接著，美軍P-47戰鬥機掃射瓜地馬拉城。亞本茲於六月二十七日交出政權，不久後去國流亡，留下他未完成的土地改革，以及尚餘兩年的總統任期。

此時，切·格瓦拉（Che Guevarra，1928-1967）正好旅居瓜地馬拉城，親眼目睹美軍的攻擊過程，因而萌生反美意識與左派思想，間接促使爾後投入革命生涯。他寫給母親的家書已微露端倪：

FBI聯邦幹員四處搜捕左派思想分子，甚至直接殺害那些聯合水果公司眼中的危險分子，在這種情形之下，我只好逃到了墨西哥……

七月二日，一群知識分子在墨西哥城發起示威遊行，抗議美國以武力推翻亞本茲政權。為此，墨西哥畫家芙麗達·卡蘿（Frida Kahlo，1907-1954）在她的生命尾聲，仍堅持坐著輪椅加入遊行隊伍，而那是她最後一次公開露面，不久後即辭世。

顯然，亞本茲政府的倒臺對拉美知識分子影響頗深！瓜地馬拉的春天不再，許多知識分子、社會菁英紛紛流亡，上萬名的工會領袖與農民或遭禁錮、或被殺害，迫使人民組成游擊隊，冀望以武力再找回春天，瓜地馬拉因而陷入戰亂長達數十年。

游擊隊的抗暴史詩

「默西亞」神話賦予農工階層希望，在強權的淫威下蟄伏冬眠，一旦春天復甦，即可脫離被奴役的生活。「默西亞」神話也感召了民族英雄，一呼百應，無數農民、勞工紛紛隨之起義，找尋神話中所允諾的新天新地。二十世紀是拉丁美洲獨裁者的時代，同時寫下游擊隊的抗暴史詩。

自十五世紀的反殖民統治，到獨立後的反獨裁政權，抗暴史詩儼然拉丁美洲宿命的寫照。受到天主教文明的習染，流行於猶加敦半島的《豹的預言書》（*Libro de Chilam Balam*）、或是安地斯山區的印加復活傳奇（El mito del Inkarri），漸漸披上「默示錄」[4]色彩，成為拉丁美洲式「默西亞」[5]

4 基督教譯為啟示錄。
5 基督教譯為彌賽亞。

▲ 二十世紀是拉丁美洲獨裁者的時代，同時寫下游擊隊的抗暴史詩。正如許多知識分子紛紛投入革命運動，阿根廷籍的切·格瓦拉也加入古巴大革命。

◀ 卡斯楚所領導的游擊隊於一九五九年一月一日贏得勝利，獨裁者巴蒂斯塔棄國流亡，人民歡欣鼓舞，迎接卡斯楚及游擊隊員進駐哈瓦那。

神話，預言救世主即將到來，屆時暴政必亡。因此，「默西亞」神話賦予農工階層希望，在強權的淫威下蟄伏冬眠，一旦春天復甦，即可脫離被奴役的生活。「默西亞」神話也感召了民族英雄，一呼百應，無數農民、勞工紛紛隨之起義，找尋神話中所允諾的新天新地。

一九一〇年，墨西哥大革命拉開二十世紀抗暴史詩序幕。在尼加拉瓜，桑定諾（Augusto César Sandino，1895-1934）於一九二六年率領二十九名礦工揭竿起義，組成「尼加拉瓜國家主權保衛軍」（Ejército Defensor de la Soberanía Nacional de Nicaragua），以游擊戰方式對抗美國及安納斯塔西奧．蘇慕沙（Anastasio Somoza García，1896-1956）的「國家警衛隊」。一九三四年，美國撤兵，桑定諾放下武器，卻反遭蘇慕沙誘殺，從此開啟蘇慕沙家族四十五年的獨裁政權，也為日後革命埋下伏筆。

一九五六年，在菲德爾．卡斯楚（Fidel Castro，1926-2016，以下簡稱卡斯楚）的領導下，古巴展開歷時二年的游擊戰，而於一九五九年推翻巴蒂斯塔（Fulgencio Batista Zaldívar, 1901-1973）獨裁政府。古巴大革命勝利後，卡斯楚大規模進行社會改革和企業國有化政策，如

此改革政策影響美國利益，美國於是對古巴實施禁運，造成美、古交惡逾五十載，兩國關係直到二〇一四年十二月才破冰。期間，美、古頻頻過招，招招驚天動地，有令美國政府臉上無光的「豬玀灣事件」（la Invasión de Bahía de Cochinos），也有眾所矚目的「古巴飛彈危機」（la Crisis de los misiles de Cuba）。

古巴大革命對拉美社會具有象徵意義，尤其古巴這個彈丸小國以無比的毅力對抗美國，再加上改革成效與革命輸出，鼓舞了拉美貧窮國家的左派分子。在軍事獨裁統治下，尼加拉瓜、薩爾瓦多、瓜地馬拉等國相繼爆發游擊戰，無不仿傚古巴，冀望以革命方式為窮人找尋春天。結果，戰雲瀰漫數十載，譜寫二十世紀最驚心動魄的革命詩篇。

一九六一年，尼加拉瓜革命再起。三名年輕人以桑定諾之名，組成桑定民族解放陣線（Frente Sandinista de Liberación Nacional），在卡斯楚政府的暗助下，歷經十七年的游擊戰，終於在一九七九年推翻蘇慕沙家族，解放尼加拉瓜。

薩爾瓦多是中美洲最小的國家，政局一直動盪不安。左派民族英雄法拉本多·馬蒂（Agustín Farabundo Martí Rodríguez, 1893-1932）於一九三二年遭政府處決後，儼然薩爾瓦多的「默西亞」，左派勢力以其名，於一九八〇年組成「法拉本多·馬蒂民族解放陣線」（Frente Farabundo Martí para la Liberación Nacional），展開長達十二年的內戰，於一九九二年與政府簽署停戰協議，轉型成為合法左派政黨，並於二〇〇九年贏得總統大選。

▲ 古巴大革命不僅影響古巴深鉅，亦鼓舞了拉美貧窮國家的左派分子，冀望以革命方式為窮人找尋春天。至今，在哈瓦那的紀念品店，與革命相關的海報依舊是熱賣商品。

在瓜地馬拉，亞本茲因土地改革遭推翻後（1954），國家隨即陷入混亂局勢，更於一九六〇年爆發內戰，四支游擊隊陸續崛起，直至一九九六年十二月才與政府簽署《最終和平協定》，結束三十六年漫長的內戰。

二十世紀是拉丁美洲獨裁者的時代，同時寫下游擊隊的抗暴史詩。

眾人對拉丁美洲的感覺不外乎政變、動盪、貧窮、落後；然而，仔細審度這首冗長的革命詩篇，不難窺見拉丁美洲的諸多特質，充滿戲劇化與爆發力。兩百年來，拉丁美洲在民主迷宮中跌跌撞撞，在荒謬歷史中起起落落。今日，民主制度成熟，經濟成長穩定，不少國家積極實施社會主義，意圖在自由經濟的神話下，縮短貧富懸殊的差距。獨裁政治、美國霸權、經濟剝削、游擊戰爭、農民革命、民粹運動，拉丁美洲的崎嶇真相，不僅勾勒出革命家的英雄形象，也豐富了畫家的調色盤，更啟發了文學家的魔幻寫實技巧。

寂靜的戰爭

雖然早已預知起義的後果，但為了自由、自尊與生存，礦區裡的印地安人還是展開「寂靜戰爭」。的確，外界對礦區裡面所發生的事件毫無所知，印地安人遭屠殺的史實在祕魯官方歷史中完全被抹滅。

齊柏林的《看見台灣》，以極震撼的空拍技巧，呈現臺灣的美麗與哀痛，喚起各界對母土的重視。五年過後，齊導再度從空中俯瞰太魯閣國家公園內亞洲水泥公司採礦場，感嘆那礦坑又挖得更深了。雖然齊導在執行《看見台灣Ⅱ》時不幸罹難，但他的感嘆發酵，終止亞泥採礦權的呼籲形成一股強大的公民力量。

齊導的感嘆與亞泥的事件，令我想起拉丁美洲的類似情形。安地斯山脈蘊藏豐富的金、銀、銅、鐵、錫、鉛、鋅等礦產，從西班牙殖民時期以來，即大肆開採。近來，多以「露天開採法」，從哥倫比亞到智利，一個個偌大的天坑，破壞山脈原本巍峨的樣貌，並威脅到附近居民的健康。山脈層巒疊嶂，在這隱密的世界裡，除非身在其中，或由空中鳥瞰，否則無法窺知裡面到底發生了什麼事。其中，祕魯的塞羅德帕斯科（Cerro de Pasco）海拔高四千三百八十公尺，是帕斯科（Pasco）省的首府，素有祕魯的礦產首都之稱，經過幾世紀的開採，整座城幾乎成為大天坑，彷彿被吞噬一般。

塞羅德帕斯科礦產公司（Cerro de Pasco Corporation）為一家美國企業，成立於一九〇二年。一九六〇年代，塞羅德帕斯科礦產公司併入兩家祕魯礦產公司後，壟斷了祕魯百分之八十至九十的礦產，主要生產銅、銀、鉛、鋅和鉍，其中又以銅礦為大宗。為了採礦，塞羅德帕斯科礦產公司非法侵占印地安人的土地，此外，採礦所排出的廢水及廢石含有重金屬，不僅汙染環境，也嚴重危害居民健康。當地印地安人尋求正常管道抗議，不僅無法得到政府的支持，反而換來當權者的血腥鎮壓。換言之，政府與礦產公司勾結。

祕魯作家史可薩（Manuel Scorza，1928-1983）善於寫詩，也是優秀的小說家，更是社會運動者。他長年關注塞羅德帕斯科礦產公司的不當開發，甚至協助印地安人投入抗議活動，而導致他被迫流亡國外。史可薩於是以史實為藍本，在一九七一至一九七九年間，出版了《為蘭卡斯敲響戰鼓》（*Redoble por Rancas*）、《隱形人加拉孟布》（*Garabombo, el invisible*）、《失眠的騎士》（*El jinete insomne*）、《阿加畢多．羅布雷斯之歌》（*El cantar de Agapito Robles*）、《閃電之墳》（*La tumba del relámpago*）五部小說，組成名為『寂靜戰爭』系列（Ciclo de La guerra silenciosa）五部曲，以文字為印地安人的抗爭留下紀錄，同時藉文字控訴礦產公司在政府的撐腰下，剝奪印地安人的生存權。

取名「寂靜戰爭」，刻意凸顯外界對礦區裡所發生的事件毫無所知，同時有意強調印地安人遭屠

▲ 幾世紀以來，礦產公司在安地斯山區不當採礦，不僅汙染環境，也嚴重危害居民健康。祕魯作家史可薩以此為藍本，出版了五部小說，組成『寂靜戰爭』系列。

▶ 在這隱密的安地斯山區裡，除非身在其中，或由空中鳥瞰，否則無法窺知真相，礦區經過幾世紀的開採後，幾乎成為大天坑，彷彿被吞噬一般。

▲ 祕魯作家史可薩藉小說創作，揭露安地斯山區的生態浩劫，居民為了自由、自尊與生存，僅能孤寂抗爭。

殺的史實在祕魯官方歷史中完全被抹滅。自獨立以來，祕魯參與不少對外戰爭，官方歷史對這些戰役著墨頗深，藉此頌揚祕魯的愛國主義，惟獨對內部的抗爭事件，隻字未提。為了還原歷史真相，這五部小說均有抗爭情節，也皆有其率領抗爭的英雄人物；然而，每部又同樣以大屠殺為結局，儼然悲慘宿命的無限輪迴。一九八三年，史可薩從馬德里搭機準備飛往波哥大，飛機起飛不久後即撞山，史可薩不幸於這場空難中身亡。

史可薩以非印地安作家身分，替印地安人的不幸發聲，試圖重塑過去光榮的印地安文化，並還原印地安人該有的歷史地位；因此，『寂靜戰爭』系列五部曲被類歸為「本土化主義小說」（novela indigenista）、或「新本土化主義小說」（novela neo-indigenista）。以『寂靜戰爭』系列的第一部小說《為蘭卡斯敲響戰鼓》為例，故事聚焦於帕斯科省的蘭卡斯印地安行政區，居民以放牧為生，礦產公司為了己身利益而築牆圈地，堵住居民的對外通道，居民因此難與外界溝通，更無法向外放牧羊群，導致羊群缺乏牧草而紛紛餓死。

在《為蘭卡斯敲響戰鼓》裡，史可薩以拉美作家慣用的黑色幽默手法，描寫礦區所製造的廢水及廢石造成動物大逃亡，鷹、隼、燕、鷲等本為天敵，卻為了逃命，一起飛離汙染區；夜行性動物顧不得白日的強烈陽光，紛紛傾巢而出；鱒魚與其在廢水中暴斃，不如跳上岸。行政區裡的水源幾乎被汙染，甚至神父在做彌撒時，那被祝聖過的水也是遭汙染的水。這是帕斯科省的共同現象！

恐懼籠罩著帕斯科省，除了生態浩劫之外，還有專斷獨裁。當地的法官善於玩弄法律，協助礦產公司侵占居民土地，同時以高壓手段宰制居民。居民在求助無門之下而起義，展開「寂靜戰爭」。事實上，居民早已預知起義的後果；然而，為了自由、自尊與生存，只能決一死戰。對印地安人而言，礦區不只有春、夏、秋、冬四季，還有第五季：屠殺。如此悲淒的故事並非虛構情節，而是歷史上沒紀錄的事實，幾世紀以來悄悄發生在安地斯山區。

藉由『寂靜戰爭』系列，讀者窺見了殘酷歷史。

解放神學

一九六〇年代，一位祕魯天主教神父在進行牧人工作時，經常不知該如何讓窮人與受迫害者相信神的愛。於是，他不斷反思神學，易位思考，站在窮人及受迫害者的立場上，提出「解放神學」理論，獲得廣大迴響。

自西班牙征服時期起，原住民即是被剝削與遭鄙夷的對象，彷彿貧窮是原住民與生俱來的宿命。更為甚者，當權者與既得利益者總將國家的落後歸咎於原住民，視他們為低等族群，認為他們是妨礙國家現代化的障礙，而竭盡所能地「消滅」原住民。因此，在瓜地馬拉、墨西哥、玻利維亞、祕魯等原住民人口比率較高的拉美國家，時而發生原住民遭滅族的血腥事件。為了生存，原住民不斷起義，不斷遭鎮壓，前仆後繼的精神令人動容。

誠如祕魯哲學家何塞·卡洛斯·馬里亞特吉（José Carlos Mariátegui，1894-1930）所言，原住民的問題不是種族問題，而是土地與經濟問題；無奈，當權者與既得利益者不願改革，導致原住民長久生活在社會邊緣，僅能藉宗教撫慰心靈。天主教信仰在拉美根深柢固，印證了馬克思所言，宗教是人民的鴉片。

傳教士在拓殖之初，除了宣揚天主教教義之外，亦負起「教化」原住民的重責大任。傳教士經常接觸原住民，不免對原住民的乖舛命運起了惻隱之心。巴度羅梅．德．拉斯卡薩斯神父（Fray Bartolomé de Las Casas，1484-1566）即為一例，他早年隨征服者至美洲傳教，親眼目睹西班牙島及古巴兩地的原住民幾乎慘遭滅種，於是向西班牙皇室

▲拉斯卡薩斯神父因意圖解放原住民，而有「印地安人守護者」之美譽。

揭露征服者的暴行，並為原住民請命，卻引發拓殖者與天主教保守派勢力的不滿，雖然羅馬天主教教會與西班牙皇室還是頒布了一些保護法令，不過那些法令均形同虛設。拉斯卡薩斯終其一生為解放原住民而奔波，故贏得「印地安人守護者」的美譽。

在拓殖時期，天主教教會係征服者的最佳後盾；在各國獨立後，天主教教會依舊是當權者與既得利益者的忠實夥伴；因此，翻開拉美歷史，不乏神職人員如拉斯卡薩斯一般，「反叛」天主教教會，意圖「解放」原住民，更擴及窮人與其他受迫害者，只是這條解放之路極為艱辛。一九六〇年代，正當拉美掀起游擊隊革命之際，祕魯天主教神父古斯塔沃．古鐵雷斯．梅里諾（Gustavo Gutiérrez Merino，1928-）也跟著易位思考，站在窮人及受迫害者的立場上，提出「解放神學」（Teología de la Liberación）理論，獲得廣大迴響。

古鐵雷斯生於祕魯，早年進入修會，並赴歐洲攻讀神學，於一九五九年正式成為神父。在進行牧人工作時，他經常不知該如何讓窮人與受迫害者相信神的愛。於是，他不斷反思神學，認為信仰是人神之間的承諾，神學在信仰中並非占居首位，承諾才是首要，承諾亦是智慧，承諾更是行動。

古鐵雷斯以行動「解放」窮人與受迫害者。所謂「解放」（liberación），其實是「救贖」（salvación）之意，不過與《聖經》上所詮釋的「救贖」並不同。根據《聖經》，人死後必須接受最後審判，惟有在世行義才能獲得天主的救贖，最後進入天堂，與基督永生，共享榮耀；亦即，天主教信仰的救贖，係按其生前功過與信德論斷。古鐵雷斯主張「救贖」不能只著重於「靈魂」與「精神」層面，應追求得利益者的宰制。

實際的社會正義，尤其拉美有如此多的窮人與受迫害者，他們得救與否，取決於是否掙脫當權者與既

「解放神學」著重於行動與實踐，認為遭剝削與受迫害的人民有權反抗加害者，向不公不義的加害者宣告天主的救贖與審判。亦即，「解放神學」提倡重新解讀《聖經》，重新詮釋信仰的真諦與「救贖」的定義，並建立一個以「救贖」、「解放」及「發展」為基礎的「人民教會」。

對此，反對者抨擊「解放神學」乃馬克思主義，以階級鬥爭達到解放目的。事實上，馬克思為無神論者，「解放神學」雖然認同馬克思主義的階級鬥爭，但強調改革，並不主張革命，只是當「解放神學」於一九六八年正式問世，立即獲得左派勢力的支持，而令人將兩者混為一談。

古鐵雷斯出版多冊神學論述，其中《解放神學：遠景》（*Teología de la liberación: Perspectivas*）一書，擁有無數的讀者，至少被迻譯成二十多種語文。一九七四年，他成立了「拉斯卡薩斯學院」（Instituto Bartolomé de las Casas），投入社會、宗教、政經等各項研究，仿傚先驅拉斯卡薩斯，冀望藉此幫助窮人與受迫害者。

古鐵雷斯的解放神學思潮不僅影響拉美深鉅，並遠颺至世界各地，掀起天主教教會的更新運動。

放下武器的頑強游擊隊

一支頑強游擊隊與哥倫比亞政府軍之間衝突逾半世紀，導致二十六萬人喪生，四萬五千人失蹤，六百九十萬人流離失所。雙方終於簽署停火協議，為拉丁美洲的和平與安定寫下歷史扉頁。

一九五八年以降的十六年間，在政治分贓的情況下，哥倫比亞由自由黨和保守黨輪流執政。兩黨只在乎權利，卻罔顧農工等階層的利益，城鄉差異和貧富懸殊因而加劇。正所謂國家不患寡，而患不均，如此環境利於左派勢力和馬克思—列寧革命路線。

一九六四年，奉行馬列主義的「哥倫比亞革命武裝軍—人民部隊」（Fuerzas Armadas Revolucionarias de Colombia - Ejército del Pueblo，以下簡稱 FARC）和「民族解放軍」（Ejército de Liberación Nacional）先後崛起，展開以農村為據點的游擊戰，意圖推翻寡頭政治。一九六八年，由學生所組成「人民解放軍」（Ejército Popular de Liberación）加入無產階級的抗爭行列。游擊隊的革命戰爭高潮迭起，一九七四年，更出現名為「四月十九日運動」（Movimiento de 19 de abril）的第四支游擊隊組織，其主要成員為知識分子，武裝抗爭路線從城市擴大至農村，哥倫比亞陷入空前的混亂。

走過漫長鬥爭歲月之後，游擊隊陸續與政府簽訂停火協定。然而，FARC 卻不願妥協，仍堅持其

▲ FARC 雖然是一支游擊隊，即便淪為犯罪集團，仍有嚴謹的軍事組織，成員個個穿上軍服。

▲ 以哥倫比亞國旗為藍本，FARC 的軍旗亦採黃、藍、紅三色，中央白色圖案為哥倫比亞地圖，地圖中央有兩支步槍交叉放置。

武裝戰鬥路線。據統計，FARC成員約一萬五千人，十八歲以下青少年占百分之三十。除了占據哥倫比亞南部、東部省分之外，游擊隊分支亦散布於厄瓜多、委內瑞拉、祕魯、巴西等國之邊境地帶，嚴重危害這些國家邊界的安全。

為了維持游擊隊龐大開銷，FARC轉而從事販毒牟取暴利。FARC並以毒品向墨西哥販毒集團換得武器。毒品讓游擊隊的革命理想變質，除了販毒、偷搶、暗殺之外，FARC又以綁架勒索換得巨額贖金，而有最富裕的游擊隊之稱。FARC被哥倫比亞、祕魯、美國、加拿大和歐盟等許多國家當成恐怖組織，然而，厄瓜多、巴西、阿根廷、委內瑞拉等則不如此認為。

最震驚國際社會的是，FARC綁架多位哥倫比亞政治人物長達六、七年之久，其中不乏國會議員、總統候選人在內。二〇〇七年八月，哥倫比亞政府透過自由黨女參議員戈多華（Piedad Córdoba，1955-）居中協調，並邀請委內瑞拉當時的總統查維斯斡旋，要求FARC釋放遭劫持的四十五名人質，包括英格麗．貝當固．普萊西奧（Ingrid Betancourt Pulecio，1961-）。英格麗曾為哥倫比亞參議員，也有意參選總統，在競選期間，於二〇〇二年二月二十三日遭FARC綁架。

二〇〇八年一月十日，FARC先釋放了兩名政治人物，接著又於同年二月二十八日再釋放四名人質，但英格麗仍未獲釋。芒刺在背將近五十載，哥倫比亞的右派政府急於敉平FARC，甘願觸怒左派鄰居，而於二〇〇八年三月一日出兵越過邊境，進入厄瓜多，突襲藏匿於該國的FARC，擊斃了FARC的第二號人物雷耶斯（Raúl Reyes，1948-2008），以及另外十六名隊員。此舉不僅為和談增添變數，也引起厄瓜多和委內瑞拉兩國的不滿，厄瓜多宣布與哥倫比亞斷交，委內瑞拉也驅逐哥倫比亞外交官，厄、委更雙雙派兵集結於哥倫比亞邊境，眼見戰爭一觸即發。好在歷史殷鑑，再者考量三方邊境貿易利益頗優，三方暫時按兵不動，重修舊好。

二〇〇八年七月二日，哥倫比亞軍方發動「將帥行動」（Operación Jaque），英格麗與其他十四人獲救，但FARC手中依舊有許多人質。哥倫比亞的歷任總統無不試圖與FARC和談，均告失敗。胡安・曼努埃爾・桑托斯（Juan Manuel Santos，1951-）就職後，於二〇一二年九月重啟平和談判，斷斷續續進行了約四年，中間發還生軍方高階將領遭綁架又被釋放的插曲。談判地點從挪威的奧斯陸到古巴的哈瓦那，終於曙光乍現。

二〇一六年六月二十三日，在聯合國祕書長潘基文（Ban Ki-moon，1944-），以及墨西哥、古巴、委內瑞拉、智利等國總統的見證下，哥倫比亞總統胡安・曼努埃爾・桑托斯與FARC領導人羅德里格・隆多尼奧・埃切韋里（Rodrigo Londoño Echeverri，1959-）於哈瓦那簽署停火協議。

FARC與政府軍之間衝突逾半世紀，導致二十六萬人喪生，四萬五千人失蹤，六百九十萬人流離失所。FARC堪稱拉丁美洲最頑強的游擊隊，願意放下武器，根除其擁有的古柯田，為拉丁美洲的和平與安定寫下歷史扉頁，正如勞爾・卡斯楚（Raul Castro，1931-）在停火協議儀式上所言：「和平不僅是哥倫比亞舉國的勝利，也是整個美洲的勝利。」

拉丁美洲曾淪為歐洲國家的殖民地，因此在世界歷史裡所占的篇幅不長。獨立建國後，執政當局對本身歷史有一套官方說法，拉丁美洲的歷史真相絕對令人瞠目結舌，在經濟開發的表象之下，有什麼政治算計？此外，一場足球賽，蘊藏多少政治陰謀？

2. Chapter
歷史與真相

連接大西洋與太平洋的運河

在大航海時代，西班牙帝國有意在中美洲找尋合適地點興建運河，避免改用陸運穿越中美洲的不便、或省去船隊得繞過合恩角的時間，以縮短橫越兩大洋的行程。不過西班牙興建運河的計畫由美國於二十世紀完成……

西班牙帝國進行大西洋與太平洋之間的貿易達兩百五十年之久。自一五二〇至一七七六年間，箝制了美洲殖民地與西班牙之間的大西洋航線，又自一五六五至一八一五年間，壟斷從馬尼拉到墨西哥阿卡普爾科（Acapulco）的太平洋航道。

大西洋航線方面，西班牙每年春、秋各有一次船隊，分別航向墨西哥的委拉克魯斯（Veracruz）和巴拿馬的波托韋洛（Portobelo）。太平洋的貿易則由「馬尼拉大帆船」（Galeón de Manila）負責運輸。從西班牙運來的乳酪、陶器、蜂蠟、服飾、鐵件、家具等，必須經過陸路，穿越墨西哥，才能由「馬尼拉大帆船」運到東方。同樣，「馬尼拉大帆船」從東方運來的絲綢、刺繡、瓷器、漆器、象牙等珍

▲ 巴拿馬運河開鑿後，連通了大西洋與太平洋，省去船隊得繞過合恩角的時間，縮短橫越兩大洋的行程，巴拿馬因此搖身一變，成為重要的商業樞紐。

En 1881 el destacado médico cubano Carlos Juan Finlay afirmó que la fiebre amarilla era transmitida por el mosquito Stegomyia fasciata, conocido hoy como Aedes aegypti. Su colega Walter Reed confirmó la tesis con experimentos en Cuba.
In 1881, the distinguished Cuban physician Carlos Juan Finlay theorized that yellow fever was spread by the Stegomyia fasciata mosquito, known today as Aedes aegypti. His colleague Walter Reed confirmed the theory after experiments in Cuba.

▶ 巴拿馬運河的開鑿工程起初並不順利，主要原因為黃熱病肆虐。古巴醫生卡洛斯·芬萊發現黃熱病是由病媒蚊所傳播，美國運河公司採用了芬萊的防疫建議，派遣昆蟲學家撲滅蚊子，才得以控制黃熱病疫情。

寶，也得藉陸運長途跋涉，才能從委拉克魯斯裝船，橫渡大西洋送至歐洲。

換言之，大西洋與太平洋航程之間，因地形之故，仍有一段必須依賴陸路，而陸路運輸常引起匪盜宵小的覬覦，運送過程險象環生。

西班牙帝國尚有一條南美洲航線，從西邊的巴拿馬港起航，途經祕魯利馬，一路南向，穿過麥哲倫海峽、或繞過合恩角（Cabo de Hornos），來到東邊的布宜諾斯艾利斯（Buenos Aires），再由布宜諾斯艾利斯航向西班牙。同樣受制於地形，巴拿馬至波托韋洛之間距離僅九十六公里，但在巴拿馬運河開鑿之前，船隊必須繞一大圈。

在大航海時代，西班牙帝國有意在中美洲找尋合適地點興建運河，避免改用陸運穿越中美洲的不便、或省去船隊得繞過合恩角的時間，以縮短橫越兩大洋的行程。墨西哥、尼加拉瓜和巴拿馬都是西班牙殖民當局考慮興建運河的可能地點，不過西班牙興建運河的計畫一直未付諸行動。

拉美各國獨立後，法國外交官菲迪南・德・雷賽布（Ferdinand de Lesseps，1805-1894）因成功參與蘇伊士運河興建工程，而計畫開鑿巴拿馬運河，並於一八八〇年風光主持動工典禮；孰知，巴拿馬當地的瘧疾與黃熱病猖獗，奪走兩萬兩千名工人生命，造成工程延宕，導致法國跨洋運河國際公司（Société Civile Internationale du Canal Interocéanique de Darien）破產而退出興建計畫。

運河開鑿地屬熱帶溼熱氣候，容易滋生蚊蟲。一八八一年，古巴醫生卡洛斯・芬萊（Carlos Finlay，1833-1915）發現黃熱病是由病媒蚊所傳播。然而，他的研究遲了二十年才受到重視，甚至被嘲笑多年，以致法國運河公司未能即時採取預防措施，造成工人大量死亡。美國延續巴拿馬運河的興建工程之後，採用芬萊的防疫建議，派遣昆蟲學家前往巴拿馬撲滅蚊子，得以控制黃熱病疫情。

運河工程十分艱巨，許多原住民勞工與中國苦力投入運河開鑿工程，據統計，勞工死亡人數逾五千六百人。經過多次嘗試，才設置船閘平衡河道水位，而使運河於一九一四年順利完工。但是，根據美、巴於一九〇三年所簽訂的合約，運河屬於美國的財產。美國為了確保運河控制權，以運河中心線向兩側各延伸八點一公里，劃成運河區，為美國屬地，總面積一千三百八十點五平方公里。運河區總督由美國任命，懸掛美國國旗，近百年來，不少美軍在這個熱帶天堂度過愜意日子。巴拿馬國土硬生生被運河切成兩半，巴拿馬人不得進入運河區，為了捍衛國家主權，而爆發多次流血抗爭。一九七七年，巴拿馬總統托里霍斯（Omar Torrjos，1929 - 1981）與美國卡特（Jimmy Carter，1924- ）總統簽署合約，運河區自一九八〇至一九九九年間則改由美、巴共管，並於一九九九年十二月三十一日才連同運河一併歸還巴拿馬。

運河歸還後，運河區不再部署美軍保護船艦通行，酒吧、餐廳取而代之，吸引當地人、觀光客紛至沓來，觀賞船隻通過運河的景象。巴拿馬找回民族自尊，也將運河經營得相當成功，船隻通行費收入占國民生產毛額的百分之二十，使巴拿馬變得富裕，並且投入十年（2006-2016）光景完成擴建工程。

巴拿馬運河連接大西洋與太平洋，巴拿馬地峽聯結南、北美洲，這名副其實的商業樞紐激起尼加拉瓜興建乾運河的計畫。

巴拿馬運河畔的昔日祕密

除了往返貨輪外，巴拿馬運河沿岸風光旖旎。昔日在此曾有一所酷刑實驗室，美國竟然是各種酷刑的訓練師。川普（Donald Trump，1946-）口中的水刑、或杜特蒂（Rodrigo Duterte，1945-）想將人推下直升機的手法，在這所酷刑實驗室裡不知演練過多少遍！

美國禁止多年的水刑（waterboarding）、或其他更殘酷的偵訊方式，因川普（Donald Trump，1946-）有意恢復而引發各界討論。同樣，菲律賓總統杜特蒂（Rodrigo Duterte，1945-）表示曾親自動手將貪官推下直升機，駭人言論引起一陣嘩然。

當前的民主國家不僅重視人權，更反對虐囚，即便戰俘亦有人權，而有《日內瓦公約》的共識。然而，美軍虐囚事件層出不窮，惡名昭彰，每當美軍在伊拉克阿布格萊布（Abu Ghraib）或在古巴關塔那摩（Guantánamo）基地的軍事監獄爆發虐囚事件，國際社會無不嚴加撻伐。歐巴馬總統試圖在任內關閉關塔那摩基地裡的軍事監獄，卻受到國會阻撓。川普有意恢復水刑、或杜特蒂欲將人推下直升機之類的言辭，令人想起二十世紀中葉發生在拉丁美洲的殘暴審訊技巧、以及屠殺可疑分子的凶狠手

▲ 遠眺巴拿馬運河，河畔風光旖旎，昔日美國曾在此設立一所酷刑實驗室，傳授拉美軍官如何緝捕「顛覆分子」、各種殘酷審訊技巧和處決手段。

▶ 運河不僅讓巴拿馬成為商業樞紐，也具戰略地位，美國因而在此建立軍事學院，就近監視南北美洲。遠眺波光粼粼的水域，令人難以置信這裡曾暗藏如此殘酷的祕密。

段，而戕害人權的拉美軍官均來自同一所酷刑實驗室，美國竟然是各種酷刑的訓練師。

這所酷刑實驗室名為「美洲學院」（Escuela de las Américas），於一九四六年成立，座落在巴拿馬運河區的加通（Gatún）湖畔。戶外風光旖旎，室內醜陋不堪；那麼，為何美國會選擇這裡建立酷刑學院？

巴拿馬地峽連接南、北美洲，也分隔了大西洋與太平洋，極具戰略地位。一九〇二年，美國接替法國進行巴拿馬運河開鑿計畫，為了讓工程順利進行，美國於一九〇三年慫恿巴拿馬脫離哥倫比亞獨立，並與巴拿馬新政府簽約，取得日後經營運河權利。一九一四年，運河終於完工並正式啟用。自一九一四至一九九九年間，這條運河屬於美國的財產，而運河區也成為美國的屬地。

加通湖位於運河區，為一人工湖，運河全長七十七公里，加通湖的水道占了三十公里。美國就在自己的屬地上建立軍事學院，就近監視南北美洲，培訓拉丁美洲軍官如何緝捕「顛覆分子」，並傳授審問和逼供技巧。課程有：鎮壓叛亂、軍事情報、非正規作戰、叢林戰、心理戰、審訊技巧等。在冷戰時期，拉丁美洲成為美國反共與維護區域安全的忠貞盟友，從這所學院畢業的拉美軍官，於是將所學用來對付游擊隊與左派分子。

結果，在中美洲長達數十載的內戰中，超過三十萬人死於戰火；在南美洲的「禿鷹行動」（Operación Cóndor）裡，約四萬人失蹤、五萬人被害、五十萬人遭監禁，因恐懼而流亡他國者數以萬計。諸多殘酷審訊技巧、甚至處決手段均紀錄在學習手冊中，其中，《暗殺研究》（*EL Estudio del Asesinato*）及《酷刑手冊》（*EL manual de Kubarck*）已曝光，內容令人不寒而慄。美洲學院除了有「酷刑學院」之稱外，也被諷刺為「暗殺學院」。一般而言，軍警會在清晨衝進可疑分子家中，在迅雷不及掩耳的情況下，將人緝捕關進幽閉地牢。清晨讓人毫無防備，容易造成緊張與精神壓力。軍警就在嫌疑人心理極度恐慌下刑求逼供。水刑係南美軍政府最愛的酷刑之一，將活人從飛機上推下、或扔進河裡也是常見的手法。

據統計，有六萬名拉美軍官在美洲學院受訓，以哥倫比亞、尼加拉瓜、智利、玻利維亞、薩爾瓦多等國人數最多；其中，哥倫比亞將近一萬人。畢業生之中有十人後來當上總統，三十八人擔任國防部部長，七十一人晉升為軍隊司令。個個無不服膺軍校誓詞：

吾乃美洲學院的精神，與其他男子漢並肩，極力防範美洲遭赤化。

一九八〇年以降，拉美國家紛紛回歸民主體制，約有四百九十六名軍官被控侵害人權；不過，並非所犯下戕害人權罪行的軍官皆受到審判。一九八四年，美洲學院遷址於美國喬治亞州貝寧堡（Fort Benning）基地，更名為「美國陸軍訓練與條例司令部」（U.S. Army Training and Doctrine Command）。一九九六年關閉，但隨即以「西半球安全合作學院」（Western Hemisphere Institute for Security Cooperation）之名重新開課。

如今，美洲學院原址已改建為索爾梅利雅大飯店（Hotel Sol Meliá），下榻在飯店的旅客，望著波光粼粼的湖水、啜飲著香醇蘭姆酒時，是否知道運河畔的昔日祕密？

巴西足球隊的球衣故事

自巴西國家足球隊於一九一四年成軍以來，即以白色做為國際賽事的球衣顏色，象徵光明、開朗與敏捷，而那白色球衣也確實讓巴西隊儼然旋風，在國際賽事上出盡風頭。直到一九五〇年巴西輸給烏拉圭之後，決定將白球衣改為黃色。

世界盃足球賽期間，最受歡迎的周邊商品應屬球衣，尤其擁有明星球員的球隊球衣，更是熱賣商品，例如，巴西隊、葡萄牙隊、阿根廷隊等。

世界盃奪冠次數最多的國家是巴西，總計五次。巴西隊的醒目黃衫不僅辨識度最高，也是最多球迷收藏。不過，自巴西國家足球隊於一九一四年成軍以來，即以白色做為國際賽事的球衣顏色，象徵光明、開朗與敏捷，而那白色球衣也確實讓巴西隊儼然旋風，在國際賽事上出盡風頭。雖然巴西隊在一九一六、一九一九年兩度以黃色球衣搭配條紋參加南美洲選拔賽，但白色球衣一直是神聖制服，直到一九五〇年吃了敗仗，視白色球衣為詛咒，而將球衣改為黃色。果然，黃色球衣不久後即帶來好運，讓巴西隊在一九五八年初嘗勝利的滋味！

在二〇一八年世界盃足球賽表現不俗的烏拉圭也曾獲得兩屆冠軍，一次在一九三〇年，那年是首屆世界盃，烏拉圭是主辦國，挾帶地主國優勢而奪冠；第二次是一九五〇年，主辦國是巴西，烏拉圭竟然打敗巴西，同時促使巴西隊更改球衣顏色！

一九五〇年七月，巴西隊以六比一氣走西班牙，以七比一完封瑞典，一路挺進決賽，將與烏拉圭對決。毋庸置疑，全世界都看好巴西。至於烏拉圭，球員才在前一年罷工七個月，而且績分落後巴西，普遍認為贏面不大。

▲ 巴西足球隊的黃色球衣十分醒目，不僅辨識度最高，也是最多球迷收藏。唯有足球巨星才能穿上十號球衣，例如：「球王比利」（Pelé，1940-）、羅納度（Ronaldo Luís Nazário de Lima，1976-）、小羅納度（Ronaldo de Assis Moreira，1980）、內馬爾（Neymar da Silva Santos Júnior，1992-）。

◀ 巴西是一九五〇年世界盃足球賽主辦國，不過那一年巴西吃了敗仗，於是將白色球衣改成黃色。

在烏拉圭，早期的足球員完全沒權益可言，一旦加入球團，一輩子只能為球團賣命，等於變相長工，甚至任憑球團交易下放。一九四八年十月十四日，烏拉圭球員為了爭取運動員權益，並讓足球工會合法化，於是高掛球鞋罷工。球員罷工，足球場雜草叢生，民眾在週末沒有球賽可看。罷工領袖奧布杜利奧．瓦雷拉（Obdulio Jacinto Muiños Varela，1917-1996）出身水泥工，幾乎目不識丁，罷工之際遭受極大壓力，甚至被攻擊，為了生活而重返水泥工行業。奧布杜利奧．瓦雷拉有「黑人隊長」（El Negro Jefe）之綽號，不受威脅，堅持工會的重要性，因為他就曾被老東家青年運動俱樂部（Club Deportivo Juventud）當成一袋馬鈴薯般，以區區兩百披索的價格，轉賣給流浪者足球俱樂部（Wanderers Fútbol Club）。罷工七個月之後，終於迫使球團大老闆於一九四九年五月三日讓步。

一九五〇年世界盃足球賽，奧布杜利奧．瓦雷拉以隊長身分為烏拉圭披上戰袍，烏拉圭代表隊穿天藍色上衣、黑色短褲出賽。七月十六日，里約熱內盧的馬拉卡納（Maracaná）球場熱鬧非凡，擠滿了近二十萬人，巴西人以興奮之情迎接即將到來的勝利。馬拉卡納球場係為一九五〇年世界盃而建，是當時最大的足球場，但開賽之際，球場尚未完工，包括外觀也未粉刷。巴西決定賽後以世界盃冠軍隊伍的球衣顏色來粉刷外觀，而他們堅信將會漆上白色，為巴西隊的神話再添傳奇！

孰知，這場比賽沒有巴西人預期的順利，當比賽結束的哨子吹起之際，烏拉圭以二比一贏得勝利，全場觀眾呆若木雞，完全無法相信這出乎意料之外的結果。巴西隊的挫敗被稱為「馬拉卡納之痛」（Maracanaço）。為了雪恥，巴西隊於是塵封白色制服，改以國旗的黃綠色重新設計球衣。馬拉卡納球場外觀果真被漆上天藍色，不過，天生樂觀的巴西人對馬拉卡納的天藍色則有另一番說法，辯稱那是里約熱內盧的市旗顏色。

一九六三年，馬拉卡納球場重新整修，當年的守門員巴博薩（Moacir Barbosa Nascimento，1921-2000）拿走球門的三根門柱，以斧頭砍斷那三根令他蒙羞的門柱，當成烤肉架的柴火而燒成灰。事實上，巴博薩被譽為世上最優秀的守門員之一，卻也同時背上「馬拉卡納之痛」的罪名。巴博薩於二〇〇〇年死於心肌梗塞，他的好友則表示他是死於心碎；的確，直到臨終前他仍無法走出一九五〇年的陰影！已作古多年的巴博薩無法看到巴西隊在二〇一四年的戰績，再度主辦世界盃，再度重演悲劇，巴西隊完全沒有主場優勢與好運！

巴西隊的黃球衣背後暗藏了許多故事！

無論射門技巧多準、抑或守門技術多好，球是圓的，誰輸？誰贏？常到最後一刻仍有令人出乎意料的驚奇，而這也是讓球迷無法自拔，隨著賽事高潮迭起而陷入激情、狂熱、沸騰、忿怒、悲傷、哭泣的情緒之中！

一場美式足球賽掀起學生運動

美式足球應該是另一項最受墨西哥人喜愛的球類，在墨西哥各大學中十分流行。一九六八年，兩所大學高中部學生在私下賽球時起了紛爭，卻因青少年血氣方剛，而掀起墨西哥史上最大規模的學生運動，反映出人民對墨西哥政府的不滿。

美式足球應該是另一項最受墨西哥人喜愛的球類，在墨西哥各大學中十分流行。尤其，墨西哥國立自治大學（Universidad Nacional Autónoma de México）的「美洲獅隊」（los pumas）與國立多元科技大學（Instituto Politécnico Nacional）的「白驢隊」（los burros blancos）皆為優秀球隊，兩校之間的美式足球賽，堪稱墨西哥城內最重要的體育賽事之一，其盛大景況不亞於世界盃足球賽的外圍賽。

墨西哥國立自治大學的學生主要來自上流社會與中產階級，國立多元科技大學的學生大都來自勞工階級，兩校在學術、文化、體育等項目交流頻仍，而學生之間則藉各項競賽相互較勁。美式足球展現傳、擋、跑、達陣的勇猛精神，同時又充滿算計、窺伺、勾心鬥角等心理戰，是一場結合體力與智

▲ 兩所大學高中部學生在私下賽球時引發紛爭，進而演變成大規模的械鬥事件。由於墨西哥政府處理過當，學生轉為抗議政府，最後政府血腥鎮壓學生。

◀ 一九六八年十月二日，在政府的武力鎮壓下，學生運動終於落幕了，學生死傷慘重，確切的死亡人數至今仍是一個謎。三文化廣場的石碑上，刻有已知亡者的姓名及年齡，也註記無名氏亡靈。

慧的球賽。兩校自一九三六年起，每年均進行校際盃美式足球賽。這項傳統已逾八十年，至今仍是墨西哥城內的大事，不過其中有幾次因故停賽，尤其以一九六八年那一次的停賽最驚天動地。

兩校高中部學生均為各自球隊的球迷，未來亦以加入球隊為目標，經常聚集在市中心的西屋達德拉廣場（Plaza de la Ciudadela）的球場打球。一九六八年七月二十二日，這群年紀介於十六至十八歲的青少年，一如往常來到廣場比賽。比賽正在進行中，國立多元科技大學高中部男學生卻騷擾在旁觀賽的國立自治大學高中部女學生，因而引起國立自治大學高中部男學生的

不滿，雙方爆發肢體衝突，不過衝突過後，即各自返校上課。

翌日，在好事者的慫恿下，兩校高中生又起了爭執，並演變成大規模的械鬥事件。對此，墨西哥政府竟然出動鎮暴警察，殘暴地毆打滋事以及圍觀的學生，更以顛覆罪名逮捕學生。警察的暴行激起學生的憤怒。七月二十六至二十九日期間，兩校學生同仇敵愾，以罷課方式抗議政府，其他學校學生也紛紛聲援，加入罷課行動。藉日期巧合，共產黨青年軍及其他左派學生聯盟則仿傚古巴的「七二六運動」，一同向政府示威。

學生運動越演越烈，不少人陸續在抗議中受傷、被捕、甚至犧牲。七月三十日，墨西哥國立自治大學降下半旗哀悼，校長巴羅斯·希耶拉（Javier Barros Sierra，1915-1971）重申大學自治精神，要求政府釋放被捕的學

▲ 三文化廣場一景，午後寬闊的廣場十分寧靜，很難想像半個多世紀以前，無數青年學子在此葬身。

生，並率領師生進行一場和平遊行，以行動向社會各界表示學生並非暴徒。遊行時，師生以「人民團結吧！」（¡Únete Pueblo!）為口號，而這個口號也成為學生運動的箴言。

此時正是美式足球賽的賽季，由於學生運動沒有落幕的跡象，國家美式足球聯盟於是宣布停賽，接著，國立自治大學與國立多元科技大學的校際盃美式足球賽也取消。到了八月二十六日，大批抗議學生聚集在老城區的憲法廣場（Plaza de la Constitución），個個情緒激動，甚至出現公然辱罵總統迪亞斯．歐達茲（Gustavc Díaz Ordaz，1911-1979）的言辭。群眾決定持續占據憲法廣場，直到政府回應為止。孰料，墨西哥政府於八月二十八日清晨派出裝甲部隊驅散抗議群眾。

九月十三日，抗議學生以手帕封口，改以「沉默的遊行」（La marcha del silencio），控訴政府的暴行。為了壓抑學生運動，政府於九月十八日派兵入侵國立自治大學校園；九月二十四日，入侵國立多元科技大學校園。肅殺之氣籠罩墨西哥，軍隊於十月一日撤出兩校校園，然而，那只是暴風雨前的寧靜。十月二日午後，數千名抗議學生聚集於三文化廣場（Plaza de las Tres Culturas）。政府一如往昔派出軍警監視抗議學生，嚴防抗議學生衝入位於附近的墨西哥外交部；另外，「奧林匹亞特殊部隊」（Batallón Olimpia）則穿著便衣混入人群搜證。下午六點，就在抗議活動進入尾聲之際，一架直昇機在天空盤旋，並投下信號彈，埋伏於奇瓦瓦大樓（Edificio de Chihuachua）的「奧林匹亞特殊部隊」看到信號後，立即朝群眾開槍，軍警趁機大喊學生動武，意圖製造學生才是暴徒的假象。那一夜，墨西哥城被青年學子的鮮血染成腥紅。

學生運動終於落幕了。官方表示，有二十名學生及一名士兵死亡；事實上，死亡人數遠遠超過許多，但正確數字至今仍是一個謎，有說六十八人，也有說約兩百人。

十月十二日，墨西哥總統迪亞斯．歐達茲在第十九屆奧林匹克運動會開幕典禮上致詞，將該次的體育盛會定位為「和平奧林匹克運動會」（Olimpiada de la Paz）。總統所在的看臺上方，一面宛如鴿子圖像的黑色風箏很諷刺地隨風飄揚；當然，那是抗議學生的傑作。

原本只是兩校學生之間的嫌隙，不帶任何政治色彩的紛爭，卻因青少年血氣方剛，而掀起墨西哥史上最大規模的學生運動，反映出人民對墨西哥政府的不滿。

足球戰爭

足球的威力不容小覷，踢出兩國的宿怨，引爆兩國的怒火！薩爾瓦多與宏都拉斯兩國因邊境利益、偷渡問題時有紛爭。一九六九年，兩國之間的嫌隙從非法移民延燒到足球輸贏、再到國家尊嚴，終於爆發一百小時的戰爭，又稱「足球戰爭」。

二〇一八年世界盃足球賽，拉美各國表現不佳，墨西哥、阿根廷、烏拉圭、巴西陸續提早打包回家。足球在拉美各國的瘋狂程度，旅居過拉美的朋友感受一定特別深。

各國因足球賽而暴動時有所聞，已不足為奇；但是，藉足球事件而爆發戰爭，卻真實在拉丁美洲上演，而這場戰爭的主角是薩爾瓦多與宏都拉斯，名為「足球戰爭」（Guerra del Fútbol），又稱一百小時戰爭（Guerra de las 100 horas），時間就發生在一九六九年七月十四至十八日期間。

薩爾瓦多與宏都拉斯兩國因邊境利益、偷渡問題時有紛爭，這一百小時的戰爭起因於非法移民與土地改革，卻因世界盃足球賽而點燃兩國長久累積的嫌隙。

一九六〇年代，薩爾瓦多的經濟惡化，無地農民於是越界進入宏都拉斯，私自占地耕種，找尋生機。一九六九年一月，非法移民問題日益嚴重，彼時的宏都拉斯總統擔心引發國人不滿，未與薩爾瓦多協調，便直接驅逐薩爾瓦多農民，其中還包括已定居宏都拉斯數代之久的薩爾瓦多僑民，強制收回遭霸占的土地。宏國一個名為「勇敢斑點」（Mancha Brava）的準軍事團體加入驅逐行動，以暴力手

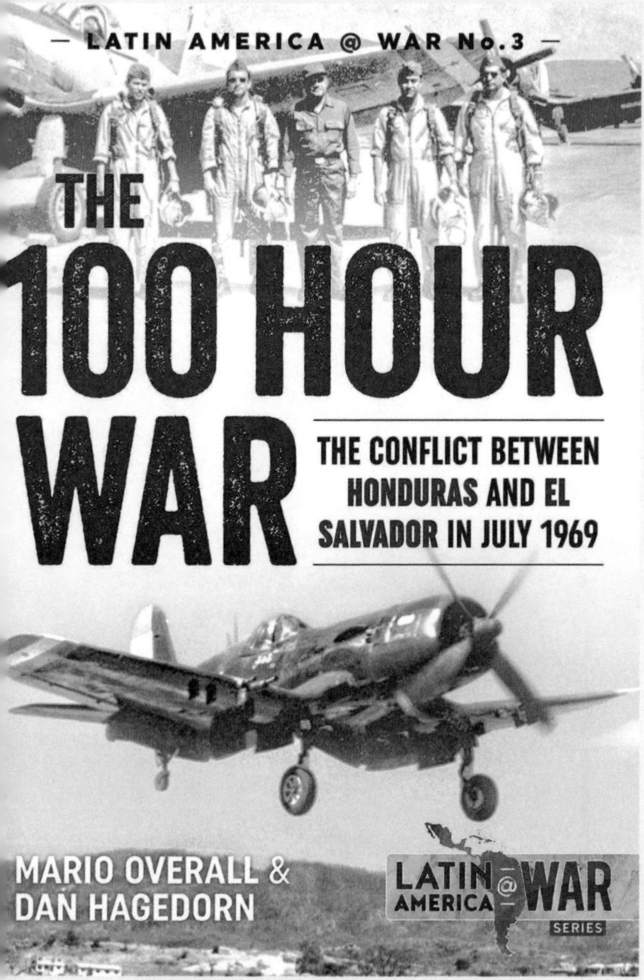

▲ 薩爾瓦多與宏都拉斯兩國之間的宿怨，因足球賽而引爆一百小時的戰爭。戰爭雖然僅持續四天，卻造成兩敗俱傷。圖為評析足球戰爭的專書。

段迫害三十餘萬名的薩爾瓦多僑民。此事令薩爾瓦多相當不悅，兩國之間的摩擦與日俱增。

一九六九年六月，兩國為了爭奪一九七〇年世界盃足球賽的決賽權，而進行「北中美洲暨加勒比海地區」外圍賽。六月八日，兩國的首場比賽在宏都拉斯首都德古西加巴（Tegucigalpa）舉行，薩爾瓦多球員於前一天抵達，宏都拉斯球迷包圍他們下榻的飯店，整夜喧嘩，不時吹口哨、放鞭炮、敲鐵板、擲石塊，令薩爾瓦多球員無法入眠。隔天比賽結果，宏都拉斯以一比〇領先薩爾瓦多。挾著首場的勝利，宏都拉斯球迷四處挑釁薩爾瓦多僑民，意圖製造爭端。

薩爾瓦多球員因輸球霎時成為叛國者，各界指責不斷。據信，薩爾瓦多一名十八歲少女亞美莉雅・波拉紐斯（Amelia Bolaños），在電視上看到薩國輸球的畫面，立即到書房，找出父親的手槍自戕。薩國報紙對這起不幸事件如此評論：「連一名十八歲少女都無法忍受國家被羞辱。」

第二場賽事於六月十四日在薩爾瓦多首都聖薩爾瓦多（San Salvador）舉行。同樣，宏都拉斯球員於前一天抵達，薩爾瓦多球迷即以其人之道，還治其人之身，不讓宏都拉斯球員休息。結果薩爾瓦多以三比〇贏得第二場比賽。宏都拉斯球迷無法接受輸球的事實，轉而將仇恨發洩在國內的薩爾瓦多僑民身上，甚至誣衊薩爾瓦多人對宏都拉斯僑民施暴。兩國之間的嫌隙從非法移民延燒到足球輸贏、再到國家尊嚴。

籠罩在仇恨情緒，一九七〇年世界盃外圍淘汰賽終於登場。六月二十四日，雙方球隊在墨西哥城廝殺，薩爾瓦多以三比二勝出。比賽結束後，雙方球迷各聚球場一方，情緒激動，墨西哥派出五千名鎮暴警察隔開雙方。墨西哥球場的敵對情緒轉移到薩、宏兩國邊境。宏都拉斯政府以侵犯人權方式大肆驅逐薩爾瓦多非法移民，宏國邊境居民則隨意殺害薩爾瓦多僑民。薩爾瓦多政府於是向美洲國家組織人權委員會提出抗議，要求派員赴宏都拉斯調查違反人權事實，並同時宣布與宏都拉斯斷交。兩國劍拔弩張，重兵部署邊界。眼見戰爭一觸即發，瓜地馬拉、哥斯大黎加、尼加拉瓜紛紛介入調停。

一九六九年七月十日，宏都拉斯在國際輿論的壓力下發表聲明，保證薩爾瓦多僑民在宏都拉斯的安全。七月十四日，薩爾瓦多仍執意入侵宏都拉斯。七月十八日，在美洲國家組織的調停下，兩國停火，但薩爾瓦多軍隊於八月初才撤退。

短短四天的戰爭，造成三千多人死亡，逾六千人受傷，經濟損失高達五千萬美元。戰後，宏都拉斯退出中美洲共同市場，抵制薩爾瓦多貨品，並封鎖泛美公路，導致薩爾瓦多貨品無法藉陸路銷往尼加拉瓜等國；更為甚者，約十三萬名薩爾瓦多人遭宏都拉斯驅逐出境，返國後成為社會邊緣人，為社會增添隱憂。

足球的威力不容小覷，踢出兩國的宿怨，引爆兩國的怒火！

中美洲貧窮背後的缺糧真相

中美洲各國大量種植經濟作物，進而造成己身的糧食不足。換言之，中美洲人以汗水換來豐收的經濟作物，經濟作物沒帶來財富，反而帶來了飢餓。即便在二〇二〇年代，仍有一成五的中美洲人營養不良，貧窮背後的缺糧真相，讓一些中美洲人寧願出走，當個四處漂泊的非法移民。

中美洲非法移民潮的主因歸咎於貧窮與社會暴力，其中，貧窮與糧食不足息息相關，糧食不足則可追溯至十九世紀末所種下的遠因。十九世紀末，中美洲各國實施現代化政策，美國聯合水果公司等跨國企業趁機挾帶雄厚資金進駐，大量種植香蕉、咖啡、蔗糖等經濟作物，導致這些農業國家陷入糧食不足的窘境，得進口包括玉米在內的糧食作物。換言之，這些農業國家以勞力為跨國公司累積財富，自己卻一貧如洗！

自前哥倫布時期以來，中美洲即以玉米為主食，玉米甚至是中美洲的宗教與信仰，象徵精神食糧；然而，人民卻必須以高價購買進口玉米，或被迫改以進口小麥為主食，這對原住民或偏鄉居民而言，無疑是項龐大負擔。長期糧食不足，中美洲偏鄉居民普遍缺乏醣類、蛋白質、維生素A、維生素B、碘。

貧窮令中美洲左派勢力崛起，以社會公平為訴求，冀望實施社會主義；不幸的是，左派活躍的年代正是冷戰時期，當時美國政府認為，若不即時壓制左派勢力，將來會付出更多的代價；因此，堅決反共的麥卡錫主義（McCarthyism）從北美蔓延至中美洲，甚至到南美洲，左派分子成為被迫害的對象。

然而，左派勢力似乎沒被消弭。尼加拉瓜的「桑定民族解放陣線」、瓜地馬拉的「貧民游擊隊」、

▲▲ 圖為一名婦女正在烤玉米餅。自前哥倫布時期以來，玉米即是中美洲的主食，然而中美洲卻無法糧食自給自主，需仰賴進口，這也是造成中美洲貧窮的真相。

▲ 將玉米剝粒、碾碎，加入石灰水揉成麵糊，再將小塊麵糊以雙手拍成巴掌大的薄餅，置於烤盤烘烤後，即可包捲菜餚就食。在貧窮家庭裡，由於沒有多餘食物，常在玉米餅上撒鹽後直接就食。

▼ 美洲原生種的豆科種類眾多，白飯拌黑豆是一道最樸實的庶民美食，也貧窮家庭常見的食物。

薩爾瓦多的「法拉本多．馬蒂民族解放陣線」陸續揭竿起義。美國以維護美洲區域安全為由，干預中美洲各國內政，並指示傀儡政權鎮壓左派游擊隊，結果演變成大規模的內戰。不必諱言，美國的干預為中美洲種下貧窮與社會暴力的惡果。

一九七九年，「桑定民族解放陣線」獲得勝利，同時也取得執政權，並擬訂多項農業政策，意圖增加糧食作物的產量，以減少進口支出。不過，彼時的奧蒂嘉（Daniel Ortega，1945-）政府未能有效增加糧食作物的產量，再者，美國以奧蒂嘉政府奉行馬克思主義為由，對尼加拉瓜施實經濟制裁，於一九八一年禁止出售小麥予尼加拉瓜，並於一九八二至一九八八年間策動反革命戰爭，尼加拉瓜再度陷入內戰泥淖。儘管受到美國制裁，尼加拉瓜

▲ 貧窮迫使中美洲人踏上生死茫茫的移民之路，或徒步、或跳上行進中的火車往北方前進，無數非法移民尚未抵達目的地即喪命半途。

從國際社會獲得糧食援助，其中，共產主義國家占五成以上，西歐國家及歐洲共同體則約占三成。

一九八〇年，瓜地馬拉、薩爾瓦多也爆發內戰，許多農地變成戰場，影響農作深鉅，民不聊生。這年，美國援助了瓜地馬拉、薩爾瓦多四萬三千五百噸的糧食，但為了拉攏瓜、薩兩國支持反革命戰爭，而在一九八七年增加糧食援助達七十七萬噸，藉此孤立尼加拉瓜。

一九九〇年代，有超過五成的中美洲人營養不良。據統計，一九九〇至二〇〇一年間，聯合國糧食及農業組織（Food and Agriculture Organization of the United Nations）援助了中美洲八億八千五百萬噸糧食。長期接受糧食援助，中美洲各國在不知不覺中改變飲食習慣，漸漸以小麥為主食。中美洲並非小麥產區，僅瓜地馬拉有零星生產，雖然其小麥產量在一九九〇年代勉強占該國總消費量的三分之一，至今產量仍無法自給自足。對小麥的依賴，不僅增加糧食的進口支出，同時也危及以玉米為主食的傳統飲食文化。

事實上，中美洲各國政府在一九四〇年代已意識到糧食自給自足的重要性，卻受制於跨國企業而大量種植經濟作物。至今，中美洲各國依舊仰賴糧食進口，其中有四成的糧食來自美國。以玉米為例，中美洲平均一年消費六百萬噸玉米，卻有三百萬噸的玉米仰賴進口。若以國家來看，尼加拉瓜與薩爾瓦多進口糧食約占消費量的三成，宏都拉斯與瓜地馬拉則高達五成。

民以食為天，中美洲人以汗水換來豐收的經濟作物，經濟作物竟然帶來了飢餓。即便在二〇二〇年代，仍有一成五的中美洲人營養不良，貧窮背後的缺糧真相，讓一些中美洲人寧願出走，當個四處漂泊的非法移民！

玻利維亞的水危機

玻利維亞儼然「矛盾」國家，明明蘊藏豐富礦產，卻被戲稱為「坐在金礦上的驢子」；同樣，擁有豐富的水資源，卻未有效開發與利用，而曾爆發「水資源戰爭」，近來更是頻頻鬧水荒。玻利維亞憲法保障人民用水權，但臨渴才掘井，未來肯定會面臨更嚴峻的缺水危機。

玻利維亞位於亞馬遜河平原、拉布拉他河（Río de la Plata）平原與安地斯山高原，境內主要河川約兩百七十條，大小湖泊有一百八十四座，另有溼地兩百六十處。然而，水的問題卻一直困擾著玻利維亞，其中曾爆發水資源戰爭，也有嚴重水荒，不少水利專家甚至預言，玻利維亞未來肯定會面臨更嚴峻的缺水危機。

玻利維亞儼然「矛盾」國家，明明蘊藏豐富礦產，卻被戲稱為「坐在金礦上的驢子」；同樣，擁有這麼多的水資源，竟然陷入水荒危機。我們就從水資源戰爭切入，窺探玻利維亞的矛盾。

一九八〇年代，玻利維亞經濟崩盤，通貨膨脹率係拉美各國中最高，高達百分之一萬四千，玻利維亞政府根據國際貨幣基金組織所擬訂的一系計畫，實施「自由市場」經濟，在不需要與當地公司合資的情況下，陸續將石油、航空、鐵路、電力、電話、自來水等國營企業賣給外商公司。

一九九七年，世界銀行同意貸款給玻利維亞，並附帶為玻利維亞進行自來水現代化系統，不過紓困的代價是玻利維亞政府必須將自來水公司私有化。於是，玻利維亞政府暗地將科恰班巴（Cochabamba）的自來水公司賣給美國貝泰公司（Bechtel），讓法國蘇伊士（Suez）公司旗下的伊宜馬尼水公司（Aguas del Illimani）接管拉巴斯（La Paz）、埃爾阿爾托（El Alto）兩地的自來水。

跨國企業接管自來水之後，立即調漲水費百分之兩百，其他如配管等服務皆訂定高價收費，狠狠地剝削用水居民。無能力配接自來水管的偏遠地區，居民則須以高額向自來水公司的行動水車購買飲用水。

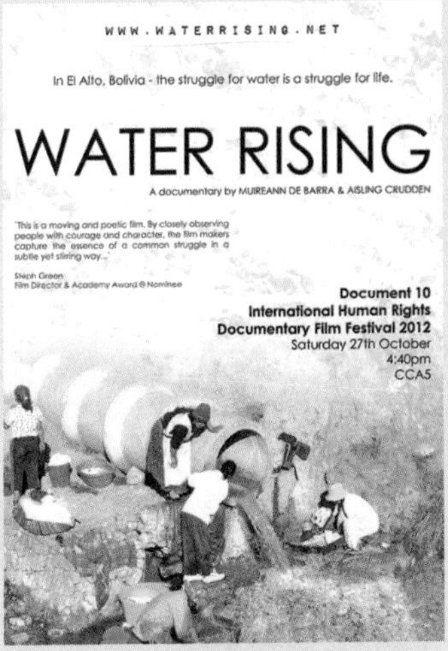
WWW.WATERRISING.NET
In El Alto, Bolivia - the struggle for water is a struggle for life.
WATER RISING
A documentary by MUIREANN DE BARRA & AISLING CRUDDEN
"This is a moving and poetic film. By closely observing people with courage and character, the film makers capture the essence of a common struggle in a subtle yet stirring way..."
Steph Green
Film Director & Academy Award ® Nominee
Document 10
International Human Rights
Documentary Film Festival 2012
Saturday 27th October
4:40pm
CCA5

▲圖為紀錄片《水資源戰爭》的宣傳海報。

二〇〇〇年四月，科恰班巴終於爆發大規模抗爭活動，過程中雖然造成六人死亡，但最後迫使貝泰公司退出玻利維亞，史稱「水資源戰爭」（Guerra del agua）。二〇〇五年，科恰班巴的水資源戰爭被複製到拉巴斯，同樣成功地將法國跨國公司趕出玻利維亞。水資源戰爭係小蝦米對抗大鯨魚的最佳典範，爾後還被拍攝成《水資源戰爭》（*Water Rising*）、《雨也是》（*También la lluvia*）等電影。

水是生命之泉，也是萬物之源，小老百姓為了用水權而群起對抗跨國公司。為此，玻利維亞總統莫拉雷斯（Evo Morales，1959-）在二〇〇九年修訂的憲法裡，特地在人權部分加入用水這項權利，並成立「飲水及衛生公營企業」（Empresas Públicas de Agua Potable y Saneamiento）。然而，才五年光景，玻利維亞又出現水資源匱乏的窘態，而且是全國性的水荒。

玻利維亞雖然有豐富的水資源，卻未有效開發與利用，城市用水必須倚賴雨水，但是水庫等水利設備不足，一旦久旱不雨，即有水荒的危機。二〇一五年，玻利維亞面臨二十五年來最嚴重的乾旱，六十萬公頃的農地缺水灌溉，一百七十三個鄉鎮鬧水荒，甚至拉巴斯、埃爾阿爾托、科查班巴、蘇克雷（Sucre）、奧魯羅（Oruro）與波托西（Potosí）七座大城市也被迫進行大規模限水。水荒夢魘造成民怨四起，示威抗議已成家常便飯，莫拉雷斯將水荒歸咎於地球暖化，緊急宣布全國進入警戒。

每年十一月至隔年四月是玻利維亞的旱季，氣候變遷的確是事實，近年旱季時間越來越長，冰河也逐年融化。事實上，玻利維亞有兩大無解的困境。冰河融化下的安地斯山麓正是礦區，而採礦一直是附近水域汙染的元兇；再者，城市人口日益膨脹，飲水需求也跟著逐日增多，舊有的自來水設備不足，根本無法再供給更多的用戶。但政府長久以來並未正視問題，也未對乾旱的衝擊規劃出因應措施。二〇一八年四月，玻利維亞與西班牙簽訂合作一項高達二千五百萬歐元的水資源計畫，其中包括自來水配管工程，以及家庭廢水處理。至於因氣候暖化備受衝擊的農牧業，玻利維亞也開始投入大筆經費，興建水利設施及水資源有效管理。

臨渴才掘井，不知，下個旱季來臨時，遠水解不解得了近渴？

經濟發展的代價：小男孩之死

墨西哥有一個名為埃爾薩爾托的小城，其西文原意即為「瀑布」，當地確實有一條大河經過，飛瀑奔瀉，美不勝收。某天，一名八歲小男孩在玩耍時，不小心跌進了河裡，被救起時尚有氣息，卻在送醫十九天後宣告不治。原來，小男孩不是溺斃，而是中毒身亡。

二〇〇八年一月二十六日，在墨西哥一個名為埃爾薩爾托（El Salto）的小城，一名八歲小男孩在玩耍時，不小心跌進了聖地牙哥河（Río Santiago）。小男孩名為米開爾．安赫爾．洛佩斯．羅查（Miguel Ángel López Rocha，2000-2008），被救起時尚有氣息，卻因不斷嘔吐和腹瀉而陷入昏迷，在送醫十九天後，還是宣告不治，於二月十三日死亡。

原來河裡含有砷酸、氫硫酸、汞、鉻、鉛和呋喃等有毒物質，小男孩跌入河中時，應該喝下幾口河水，導致血液中的砷酸超過身體可負荷的量有四百倍之多。換言之，小男孩不是溺斃，而是中毒身亡。

聖地牙哥河全長五百六十二公里，流經蜿蜒崎嶇地形，形成多處美景。「埃爾薩爾托」的西文原意即為「瀑布」，聖地牙哥河確實在當地形成水流直瀉而下的瀑布，美不勝收。在埃爾薩爾托居民的印象中，聖地牙哥河清澈見底，河中魚群甚夥，居民過去常在岸邊釣魚，在河中游泳，在飛瀑下泛舟，甚至生飲河水。然而，自從一九三五年起，雀巢（Nestlé）公司在聖地牙哥河的上游設廠生產煉乳之後，塞拉尼斯（Celanese）、安萬特（Aventis）、拜耳（Bayer）、國際商業機器（IBM）、杜邦（DuPont）、全錄（Xerox）、聯塑（United Plastics）等公司紛紛隨之進駐，這些跨國公司將有毒物質排放至聖地牙哥河，部分河道汙濁發黑，再也看不到魚群，甚至惡臭沖天，暗藏致命危機。

埃爾薩爾托距墨西哥第二大城瓜達拉哈拉（Guadalajara）僅二十五公里。墨西哥政府曾計畫在聖地牙哥河流經的一處谷地，興建阿爾塞迪亞諾水庫（presa de Arcediano），供瓜達拉哈拉居民飲用，後來因生態保護人士的抗議，以及小男孩中毒事件而暫停，否則後果不堪設想。

小男孩之死終於引發居民的不滿而群起抗議，同時也將河川受工業汙染的問題攤在陽光下，聖地牙哥河被視為「死亡之河」。起初，有關當局試圖掩蓋證據，表示河中砷酸含量在安全範圍，甚至宣稱小男孩只是個案，係因細菌感染才喪命。事實上，埃爾薩爾托受到工業汙染，居民健康亮起紅燈，罹患腦溢血、白血病、皮膚癌、淋巴癌、肺癌、肝癌等疾病的民眾增多。在小男孩發生意外的二〇〇八年，有六百人染病，四十七人死亡；隔年二〇〇九有七百二十八人染病，二十三人死亡。數據之高，令當地居民相當不悅而發起自救會。

不僅埃爾薩爾托受影響，鄰近的小城胡安那卡特蘭（Juanacatlán）也同樣遭殃。居民要求政府將兩地規劃為警戒區，投入經費進行廢水處理、淨化水質、改善環境。埃爾薩爾托與胡安那卡特蘭，均為墨西哥典型的小城，埃爾薩爾托人口約十八萬人，胡安那卡特蘭的人口不到一萬八千人。兩地居民以農、牧為業，兼做手工業，或在跨國公司謀職，所得不高，再者，居民受教育程度不高，其權益常被政府忽略，又沒錢可聘請律師向排放汙水的跨國公司求償，更因為依賴跨國公司為生而不敢要求跨國公司遷廠。雖然墨西哥政府在二〇一二年投入八億五千萬披索興建廢水處理廠，但其成效似乎有限，埃爾薩爾托附近水域的重金屬含量依舊偏高。

小男孩的父親表示，小男孩曾立志將來要幫助窮人，雖然小男孩來不及長大成人，但自他辭世起，每年的二月十三日，當地居民再度舉起他的遺照，走向街頭為安全飲用水向政府請命；或是，穿戴防護衣及防毒面具，豎起「墨西哥河是毒河」（*Ríos mexicanos, ríos tóxicos.*）之類的心痛標語，划著氣墊船在滿是化學泡沫的河面上做無言的抗議。

然而，十年過去了，聖地牙哥河的水質依舊沒改善，因河流汙染而死亡的人數至今已逾七百人。聖地牙哥河並非墨西哥唯一一條受工業汙染的河川，類似遭到工業汙染的河川還有十條。

▲墨西哥地貌多元，在明媚風光背後，河川水域卻因工業汙染而危及居民健康。

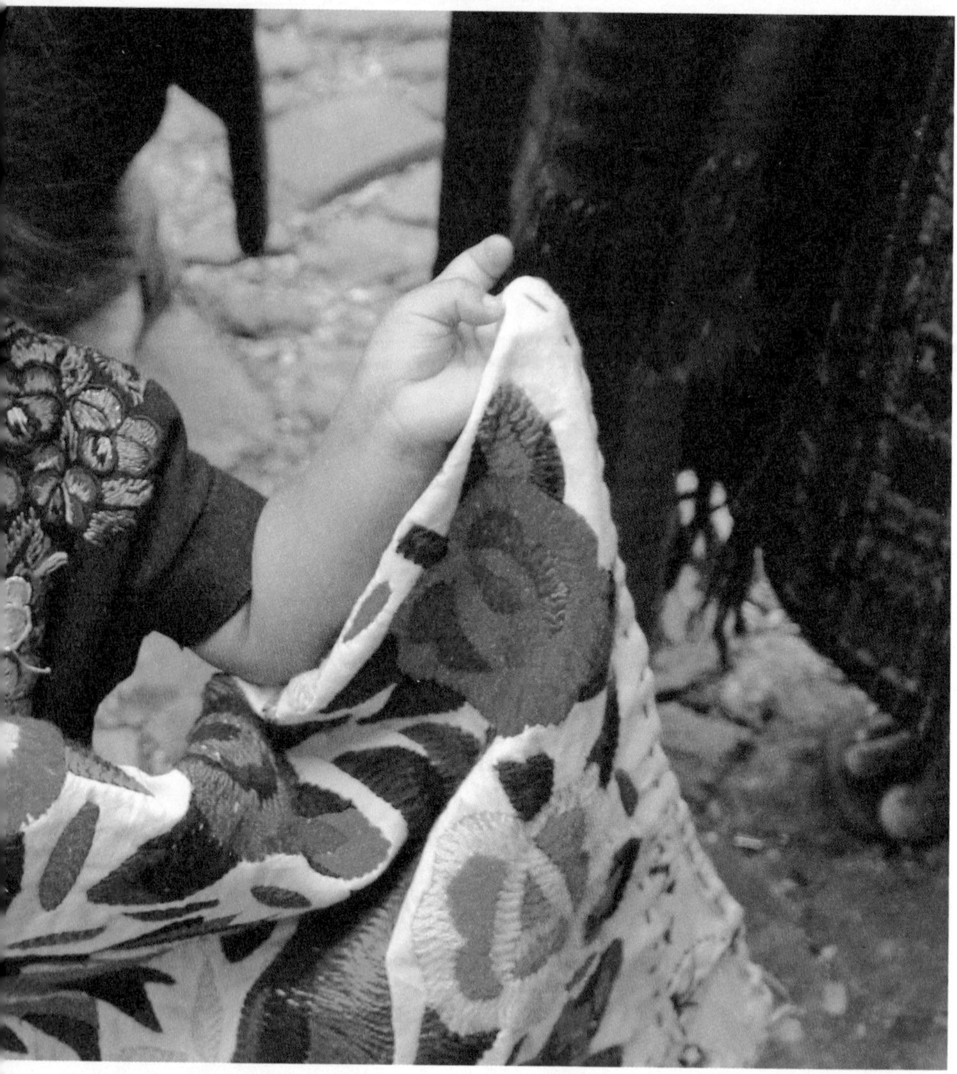

拉丁美洲幅員遼闊，物產豐富，讓貪婪的投資客趨之若鶩。於是，蓊鬱林地改種經濟作物，更多蘊藏於地底的礦產紛紛被挖出，黑奴、中國苦力相繼走入拉丁美洲經濟發展史。二十世紀以降，在跨國企業的剝削下，拉美底層社會一貧如洗。難道貧窮是拉丁美洲的宿命嗎？

3. Chapter
剝削與貧窮

坐擁金山銀山的乞丐

印地安人的過去和現在，皆因本身的富有而遭到不幸，這是整個拉丁美洲悲劇的縮影。坐擁金山銀山，卻一貧如洗，歷史怎麼充滿荒謬與矛盾？

在《拉丁美洲──被切開的血管》裡，作者加萊亞諾語重心長寫下：「印地安人的過去和現在，皆因本身的富有而遭到不幸，這是整個拉丁美洲悲劇的縮影。」的確，玻利維亞即為典型例子，蘊藏豐富的礦產，卻是拉美最貧窮的國家之一，甚至還被戲稱為「坐在金礦上的驢子」或「金座上的乞丐」。一切悲劇就從富饒的銀礦談起。

十六世紀中葉，西班牙拓殖者在墨西哥高原上，陸續發現薩卡特卡斯（Zacatecas）、塔克斯科（Taxco）、瓜拿華托（Guanajuato）、帕丘卡（Pachuca）等多個銀礦；同時，玻利維亞的波托西（Potosí）銀礦也被發現。自此，西屬美洲掀起白銀狂熱，不僅「白銀」用來命名新發現的地方，甚至豐富了西班牙文辭彙，例如：在《唐吉訶德》裡，即出現「等值於一座波托西」（vale un Potosí）一詞，即「價

▲ 礦場惡劣的工作環境吞噬了無數原住民礦工的生命。圖為文藝復興時期的版畫家特奧多雷．德．布里（Theodor de Bry，1528-1598）的作品，描繪礦工在高壓政策下徒手反抗。

▶ 美洲的白銀讓西班牙帝國進入輝煌盛世，由西屬美洲所鑄造的銀幣流通全球，係當時國際上最受歡迎的貨幣。

值連城」之意；或「聲響如銀一般」（suena como la plata），指人的聲音或笑容甜美。

十六世紀中葉，殖民政府引進「汞銀混合法」，不僅改善傳統提煉白銀的缺點，同時有效地大規模開採，但汞在提煉過程中卻嚴重威脅礦工的健康。初期，礦工均為印地安奴隸，在礦工不足下，有些礦區甚至實施「米達」（mita）制，強迫徵召各地印地安奴工採礦。所謂「米達」制，係繼承自古印加帝國的一種服役制，徵募各行政區百分之五的男丁，義務至礦區工作四至五個月，只是西班牙殖民時期的「米達」制乃變相的奴隸制。

十六至十八世紀，白銀成為西屬美洲最重要的礦產之一。開採出來的白銀，少數製成飾物器皿、或用於裝潢當地的教堂與宅第，大部分則鑄成銀幣，做為通商之用，交換奴隸、食品、武器、呢料、絲綢、瓷器、家具等。西班牙不僅實踐全球化夢想，而西屬美洲所鑄造的銀幣流通全球，係當時國際上最受歡迎的貨幣。事實上，西屬美洲所出口的白銀，其價值比進口值大四倍，西班牙帝國大肆揮霍美洲殖民地的財富。

白銀不斷從美洲流出，礦區人口急速成長，礦工不斷湧入。走過奴隸制與服役制，再到納稅制，最後到薪資制，礦工成為經濟剝削的祭品，以生命造就美洲的繁榮。據統計，光波托西這個礦區，三百年間吞噬了八百萬條礦工的性命。待礦區枯竭後，城市燦爛的外表也跟著褪去，只留下一口口的廢棄礦井。

與西班牙相較之下，葡萄牙在巴西境內找尋了兩百年，終於才在黑金城（Vila Rica do Ouro

Preto）找到藏量可觀的金礦。由於當地金礦含有鈀元素，吸收氣體後，金子表面會呈現黑色光澤，因而得名「黑金城」。一如其他礦區，淘金客紛至沓來，殖民當局並從非洲引進黑奴，替補不足的印地安奴工，黑金城儼然葡萄牙版的「黃金波托西」，在紙醉金迷中，躍升為重要的礦業城市。

一七〇三年，葡萄牙與英國簽訂梅休因條約（Tratado de Methuen），這紙條約是歐洲外交史中條文最少的條約，卻足以讓英國不費一兵一卒，輕易打垮巴西經濟。藉這紙條約，英國以紡織品換取巴西的黃金，於是，無數的巴西黃金流入英國，促使倫敦搖身一變，成為歐洲金融中心，進而發展工業。至於巴西方面，原來打算以酒換取英國的紡織品，卻輕忽農業，全力發展礦業經濟，導致大量財富外流，紡織工業癱瘓，衣物、糧食全仰賴英國進口。一言以蔽之，巴西以黃金換來了貧窮。

等到金礦枯竭後，投機客開始往他處去，重新找尋新目標。黑金城因而失去重要性，金碧輝煌的教堂數度遭搶劫，繁華城市變成廢墟，坑坑洞洞的礦井更增添蕭條。唯一不變的是，當地人深信，礦工亡魂至今仍在寒冷雨夜裡，來到仁慈聖母堂望彌撒。

鑽石、硝石、錫、銅、石油等礦產，紛紛成為投機客致富的新目標，而這些被選中的目標，經歷短暫的繁華之後，又陷入同樣的悲劇輪迴。坐擁金山銀山，拉丁美洲卻儼然乞丐一般。

黑奴：慘絕人寰的蓄奴文化

販賣黑奴應該是工業革命前影響人類歷史深鉅的貿易活動，不僅一本萬利，更造成黑人人種大遷徙，重寫人種史，譜下一首扣人心弦的役奴悲歌。不只西班牙，葡萄牙、法國、英國與荷蘭所占領的美洲殖民地，為了經濟利益，亦實施黑奴制度，而非洲黑人以生命造就美洲的經濟。

一四九三年，西班牙人征服了西班牙島，自此正式進入拓殖時期，接著陸續征服波多黎各、古巴等島嶼，爾後並藉加勒比海島嶼，揮軍前進美洲大陸。

在西班牙島和古巴時，西班牙拓殖者急於致富，卻鄙視工作，並認為印地安人並非人類，不具靈魂，於是以殘暴手段奴役島上的達伊諾人。殖民當局建立奴隸分配制（Repartimiento），後又稱為監護制（Encomienda），派遣印地安人從事屯墾、挖礦等粗工。達伊諾人體型弱小，不堪負荷粗重工作，紛紛因過度勞動而死亡。為了逃避西班牙人的暴虐統治，不少聚落以上吊、或吞食泥土、或喝生木薯汁等方式集體自殺，終於導致達伊諾人口大量凋零。

西班牙皇室認為黑人是最適合取代原住民的勞力來源，於是決定引進黑奴。原來的原住民農奴監護制因而變成非洲奴隸制。

販賣黑奴應該是工業革命前影響人類歷史深鉅的貿易活動，不僅一本萬利，更造成黑人人種大遷徙，重寫人種史，譜下一首扣人心弦的役奴悲歌。葡萄牙因得到教皇允許，於一四五二年開始拓殖非洲，占地利之便，開販賣黑奴之先。黑奴事務公司以非法手段逮捕黑人，也以歐洲商品向非洲部落酋長換得黑奴。起初，酋長將部落裡的罪犯賣予黑奴事務公司，但來源有限；後來，黑奴事務公司便提供武器，唆使酋長發動部落戰爭，以攫奪大量戰俘充當奴隸。遭俘虜的黑奴被當做牲畜般，送往集中地等待奴船。

載運黑人的奴船，大多介於一百七十七噸至二百四十一噸之間的船隻，載運量約三百至四百名。船艙內分成二至四層，黑奴披枷帶鎖，一個倚著一個，平躺於船艙。從西非海岸到美洲各港口約需航

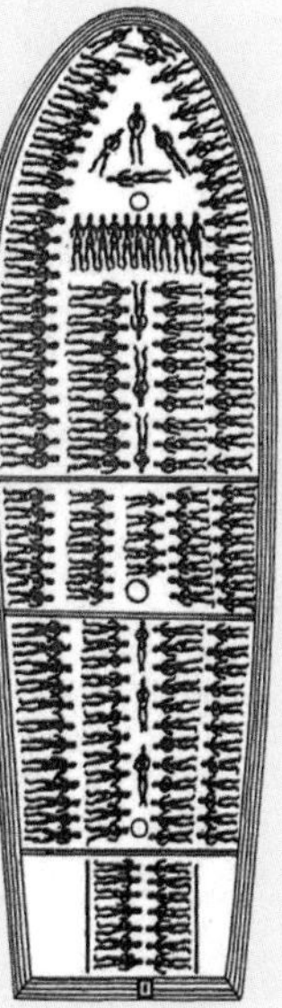

▲ 一艘奴船約可載運三百至四百名黑奴，黑奴披枷帶鎖，一個倚著一個，平躺於船艙。由非洲到美洲的航行時間需三個月，艙內空氣汙濁、容易相互傳染疾病，再加上缺糧缺水等因素，黑奴死亡率極高。

行三個月，長途跋涉，由於艙內空氣汙濁、容易相互傳染疾病，再加上缺糧缺水等因素，黑奴在航行中的死亡率約百分之十五。一抵達目的地，倖存的黑奴成為炙手可熱的商品，同時也是黑奴悲慘命運的開始。

捕捉與運送黑奴的過程相當耗時，但利潤極高，因此，黑奴貿易遂成一場驚心動魄的國際競爭與帝國角力。不讓葡萄牙獨享經濟利益，英、法、荷等國紛紛搶食販賣黑奴的大餅，進而造成日後美洲黑人人種的多元性，增加黑人社會的複雜性，同時也造就了一個色彩斑斕的多元文化。

抵達西班牙殖民地的黑奴，因過度勞動與營養不良，平均約可再活七年壽命。他們主要被分配至礦場、牧場、甘蔗園等地工作，一天至少勞動十四小時以上，吃得很差，幾乎半裸體，住在簡陋的草棚裡。只有少許幸運者才能被分送到主人家中，從事幫傭工作。主人除了讓他們領洗成為天主教徒外，並不會讓他們受教育。為了防止奴隸暴動，主人嚴禁奴隸離開農莊礦場，不得私下集會。亦有主人罔顧倫常，不准黑奴結婚生子，即使同意結婚生子，亦拆散奴隸家庭，各事其主。黑奴稍一犯錯，便遭主人嚴刑峻罰，鞭刑、烙刑早已司空見慣，禁食、禁錮更不足為奇，嚴重者甚至遭殺害。一旦受傷或生病，黑人常借助偏方，例如以檸檬和鹽抹在傷口上則可加速結痂。

面對西班牙拓殖者的殘暴，印地安原住民以自殺或逃匿來躲避苦難，黑奴也步上原住民的後塵。黑奴逃竄至荒山野嶺，山野中搭建茅屋，躲避主人追捕，故被稱為野人奴隸（cimarrón/Maroon）。主人會雇用熟悉山區的武裝人員緝捕，野人奴隸一旦被逮獲等於沒命，主人會將他們吊起來凌虐至死。

▲ 黑人為拉美人種增添多元性、為拉美社會創造出斑斕的多元文化，影響拉美的語言、飲食、宗教、音樂、藝術等層面。圖為在街頭販賣椰子的古巴黑人。

▶ 黑奴一旦犯錯會受到嚴懲，常被吊起來凌虐至死。

西班牙人拓殖加勒比海不到半世紀，達伊諾人便遭滅種，因而開啟三百五十年之久的黑奴制度。不只西班牙，葡萄牙、法國、英國與荷蘭所占領的美洲殖民地，為了經濟利益，亦實施黑奴制度。販賣黑奴人數在一七八〇至一七九〇年間達到高峰，解奴運動於十九世紀陸續展開，巴西於一八八八年廢除奴隸制度後，慘絕人寰的黑奴制度才正式走入歷史。歐洲的財富、美洲的發展，竟然依賴非洲黑奴的血淚。

中國苦力：變相奴隸

一八四七至一八七四年間，人口販子在澳門、香港、廈門、汕頭、廣州等地設置「招工館」，拐騙良民百姓至美洲充當華工。因此，數十萬中國苦力被以非人道方式輸往美洲各地，寫下華工海外血淚史。

英國的工業革命間接促成了黑奴解放運動。由於機械設備的投資費用比蓄奴高出許多，導致產品成本提高，為了讓工業產品具有競爭力，再加上英國需要人力開發非洲，於是禁止其殖民地販賣黑奴並廢除奴隸制度，同時鼓動其他歐美國家及拉丁美洲跟進。

十九世紀，拉丁美洲仍需大量勞工，既然英國等已禁止販賣黑奴，人口販子與其偷偷摸摸地進口非洲奴隸，何不光明正大仲介勞工人口。什麼樣的人力可以取代黑奴呢？中國以農立國，種植稻米、棉花、小麥、甘蔗、茶葉等作物，經濟形態與拉丁美洲相似。華人刻苦耐勞，是最佳的勞力來源，華工遂成為人口販子手中另一項一本萬利的熾熱商品。

一八四二年，鴉片戰爭結束後，英國迫使滿清政府開放廣州、福州、廈門、寧波、上海五口通商。

中國門戶大開之際，同時也為人口販子開啟了方便之門。廣東、福建等沿海省分因耕地不足，天災連連、經濟凋敝、民不堪命。百姓或四處逃荒、或出海謀生，其中，不少人被拐騙至美洲充當華工，替補解奴運動後的勞工需求。

在西班牙以「馬尼拉大帆船」箝制太平洋的貿易航線期間（1565-1815），即有中國工匠、商賈等隨著大帆船到美洲謀生，雖然離鄉背井，但生活不致於太差。一八四七至一八七四年間，數十萬中國苦力卻被以非人道方式輸往美洲各地，過著比奴隸還不如的生活，寫下華工海外血淚史。

人口販子在澳門、香港、廈門、汕頭、廣州等地設置名為「巴拉坑」（Barracón）的「招工館」，招募「苦力」（los culíes）。所謂「巴拉坑」，即昔日囚禁黑奴的牢房，當地華人稱之為「豬仔館」。沿襲往昔捕捉黑人手法，人口販子雇用俗稱「豬仔頭」的地痞流氓充當招募人。「豬仔頭」除了到處張貼招工廣告，也佯裝富商巨賈誘騙急於謀生的貧民，甚至不擇手段擄掠無辜路人與良民百姓。人口販子將擄獲的華人禁錮於「巴拉坑」，並在他們胸前烙上「C」、「P」等字母，分別表示古巴、祕魯等不同目的地。

不同於昔日的黑奴，苦力通常在澳門被迫簽下一紙生死茫茫的「工作合同」，因此又被稱為「中國契約勞工」（los chinos contratados）。「工作合同」表面上是一紙受雇契約，規定苦力受雇時間以八年為期，其實形同一張賣身契，條約苛刻。苦力主要從事農作、放牧、挖礦、或雇主所指定的粗活，在期約內不得藉機怠惰，不得叛逃，亦不得提前贖身解約。契約勞工其實是變相奴隸。

十九世紀中葉以降，當滿載黑人的奴船走入歷史之際，一艘艘苦力船接著揚帆登場。物換星移，華人被當作「豬仔」運送至美洲，步上黑奴悲慘命運之後塵。

苦力船自廈門、汕頭、澳門、香港、廣州、黃埔等地起航。有經由印度洋，繞過好望角，橫渡大西洋，來到加勒比海地區、蘇利南、蓋亞那、巴西等，航行時間約五個多月；亦有船隻直接穿越太平

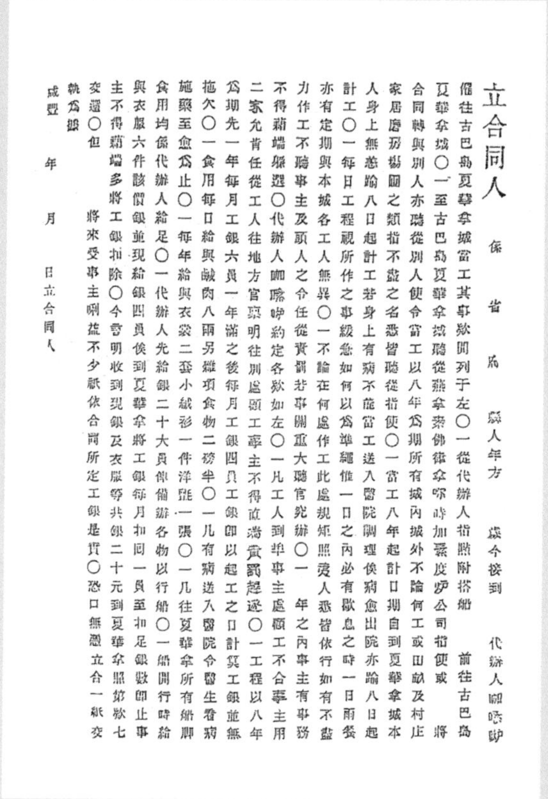
立合同人　係　省　府　縣人年方　歲今接到　代辦人咖嗻啲
僱往古巴島夏華拿城當工其事欵開列于左〇一從代辦人指照附搭船　前往古巴島
夏華拿城〇一至古巴島夏華拿城聽從燕拿索佛律拿咈哱加豪度啰公司指使或　將
合同轉與別人亦聽從別人使令當工以八年為期所有城內城外不論何工或田畝及村庄
家居廚房櫥間之類指不盡之名悉皆聽從指使〇一當工八年起計日期自到夏華拿城本
人身上無恙踰八日起計工若身上有病不能當工送入醫院調理俟病愈出院亦踰八日起
計工〇一每日工程視所作之事緩急如何以為準繩惟一日之內必有歇息之時一日兩餐
亦有定期與本城各工人無異〇一不論在何處作工此處規矩照袁人悉皆依行如有不盡
力作工不聽事主及頭人之令任從責罰若事關重大聽官究辦〇一　年之內事主有事務
不得藉端躲避〇代辦人咖嗻啲約定各欵如左〇一凡工人到埠事主處願工不合事主用
二家允肯任從工人往地方官稟明往別處頭工事主不得故滿賞罰趕逐〇一工程以八年
為期先一年每月工銀六員一年滿之後每月工銀四員工銀即以起工之日計算工銀並無
拖欠〇一食用每日給與鹹肉八兩另雜項食物二磅半〇一凡有病送入醫院令醫生看病
施藥至愈為止〇一每年給與衣裳二套小絨衫一件洋氈一張〇一凡往夏華拿所有船脚
食用均係代辦人給足〇一代辦人先給銀二十大員與備辦各物以行船〇一船開行時給
與衣服六件該價銀並現給銀四員俟到夏華拿將工銀每月扣回一員至扣足銀數即止事
主不得藉端多將工銀扣除〇今當明收到現銀及衣服等共銀二十元到夏華拿照節欵七
交還〇但　將來受事主哷蓋不少紙依合同所定工銀是實〇恐口無憑立合一紙交
執為據
咸豐　年　月　日立合同人

▲ 為了替補解奴運動後的勞工需求，中國苦力被當成「豬仔」運送至美洲，甚至被迫簽下一紙形同賣身契的「工作合同」。

洋，將苦力運送至美國、墨西哥、祕魯等地，行船時間約三個月。和昔日的黑奴一樣，歷經驚濤駭浪，在缺糧、缺水、缺乏衛生條件下，不少苦力尚未抵達目的地便一命嗚呼。

許多苦力與其被送至異地勞苦而死，不如孤注一擲，展開海上喋血抗爭。幸運者，奪船成功，可返航中國；不幸者，遭殺害、或與船同歸於盡。苦力抵達美洲目的地後，被送至拍賣市場，赤身露體，任由買家仔細檢驗挑選。雇主對待苦力極為嚴苛，動輒鞭抽棒打、扣上鐐銬、不准進食、加長工時、減薪扣款等。與黑奴悽慘命運相較下，中國苦力絕對有過之而無不及。八年合約期滿，苦力被迫再立新約，不斷延長勞役期限。如此慘絕人寰，讓不少苦力選擇自殺來結束悽慘的人生，或逃亡試圖找尋生機，或英勇抗暴以求重生。

由於海上暴動事件層出不窮，以及苦力的長期反抗，逐漸迫使雇主善待華工。最有名的例子發生在一八七二年。一艘名為「瑪莉亞．露絲」（María Luz）的苦力船，從澳門準備前往祕魯的卡亞俄（Callao），當船行經日本橫濱港時，一名苦力脫逃，躲藏到一艘英國貨輪，並揭發祕魯苦力船的非人道行為，日本當局因此拘留船隻，此舉演變成國際事件，祕魯於是承諾善待華工。一八七四年，滿清政府曾派遣專使前往古巴、祕魯等地，親眼目睹苦力在他鄉過著慘不忍睹的生活，進而促使清廷設置領事保護華僑。同年，拉美各國紛紛禁止苦力貿易。

中國苦力：無名英雄

十九世紀中葉以降，幾十萬中國苦力被輸往古巴、祕魯等地，替補廢奴後的農、礦業勞力遺缺，也投入公共建設工程，對拉美國家的經濟開發貢獻頗多。此外，中國苦力參與多起戰爭，翻閱拉美近代史，其英勇身影依稀猶在眼前。

在苦力貿易的年代，幾十萬中國苦力成為拉丁美洲的廉價勞工，替補廢奴後的農、礦業勞力遺缺，也投入公共建設工程，對經濟開發貢獻頗多。然而，中國苦力遭到殘暴對待，儼然變相奴隸，死亡率極高。此外，中國苦力參與多起戰爭，翻閱拉美近代史，其英勇身影依稀猶在眼前。

彼此的古巴仍屬於西班牙殖民地，經濟形態以菸草、蔗糖等為主，禁止黑奴買賣後，便大量輸入中國苦力。中國苦力雖不如黑奴強壯，但刻苦耐勞，手腳靈活，聰明敏捷，適合擔任機械操作工作，有助於農業和其他加工業的生產量。

自一八四七至一八七〇年間，共約十四萬三千名苦力輸往古巴，實際只有十二萬六千人抵達目的地，其他一萬七千人死於航運中。在甘蔗園工作的苦力，每天工時長達十六小時，有的更高達二十一小時。雖然契約上明訂週日為休息日，事實上許多雇主並未讓苦力休息，尤其當甘蔗收成時，苦力幾乎日以繼夜工作，甚至勞累至死，也有無數人不堪折磨而自殺身亡。據估計，輸入古巴的中國苦力在契約期間，死亡率高達百分之七十。

當古巴爆發「十年戰爭」（1868-1878）時，中國苦力趁機起義反抗，與白人、黑奴、姆拉多人併肩作戰，以反奴、反殖民為宗旨，奠定日後古巴獨立運動的勝利基礎。中國苦力在戰場上的英勇表現贏得尊敬，透過這場戰爭而融入古巴社會。在戰爭進入尾聲之際，滿清政府於一八七七年與古巴簽署條約，取消契約工制，約定雇主改善苦力待遇。一八八〇年，苦力終於獲得人身自由權，契約勞工從此走入古巴歷史。融入古巴社會後，仍有不少華裔持續為古巴獨立而戰，其彪炳戰功被鏤刻於史冊上。在哈瓦那有一座巨大石碑，上面刻著：「沒有一個華裔古人叛離，也沒有任何華裔古人變節。」

至於祕魯，中國苦力人數僅次於古巴。自一八四九至一八七四年，約有八萬七千名苦力被輸入祕魯，估計約一萬人尚未抵達便死於航行中，在契約期間死亡的苦力約百分之五十。苦力於莊園及礦區工作，也協助興建鐵路及各項公共工程。各地虐待苦力事件層出不窮，在智利邊境附近工作的苦力於是藉地利之便，逃到智利，自力更生。

一八五〇至一八六〇年間，約四千名苦力被送到祕魯西南海岸的欽查群島（las islas de Chincha）挖鳥糞石。欽查群島為海鳥、蝙蝠與海豹的棲息地，動物排泄物與動植物殘體長年累積成鳥糞石。鳥糞石可作為肥料，也是氮、磷、鉀的重要來源，可用於生產火藥，經濟價值極高。在欽查群島的苦力，

▲ 中國苦力以汗水灌溉經濟，也以血淚鋪寫歷史。在古巴哈瓦那有一座巨大石碑，傳誦中國苦力的英勇事蹟。

▶ 在這座石碑上刻著：「沒有一個華裔古人叛離，也沒有任何華裔古人變節。」

▼ 中國苦力胼手胝足，在解除契約後，努力做工經商，自力創業。圖為位於哈瓦那的華人街。

每人每天必須負責挖出四公噸的鳥糞石。由於工時長，吃得差，許多苦力不堪負荷而寧願跳崖自盡。欽查群島的鳥糞石於一八七〇年代被挖掘殆盡後，倖存的苦力也僅剩數百人。

一八七四年，最後一批苦力三百六十九人抵達祕魯後，結束這變相的奴隸貿易。

一八七九年，智利、祕魯、玻利維亞因硝石和鳥糞石利益而起了爭端，祕魯於是聯合玻利維亞，一起對抗智利，史稱硝石戰爭（Guerra del Guano y el Salitre，1879-1883），又稱太平洋戰爭（Guerra del Pacífico）。戰爭期間，約一千五百名在祕魯的中國苦力倒向智利，智利獲勝後，這群苦力也成為智利公民。中國苦力的英勇事蹟怎能在智利歷史扉頁中被抹煞呢？

苦力在閒暇之餘，哼哼小曲，做做手工藝，以最簡單方式保留中國傳統，慰藉身在他鄉的孤寂。來到拉丁美洲的苦力絕大多數是單身男子，婦女極少。因此，許多苦力與當地黑人、姆拉姐人、白人通婚，繁衍後代。契約勞工解除後，華人努力做工經商，自力創業，生活漸漸改善。一八八二年，美國通過排華法案，拒絕低薪且刻苦耐勞的華工留在美國，大批華人因而移居古巴、墨西哥、巴拿馬、祕魯等地，一夕間，雜貨店、百貨行、洗衣店、飯館倍增，形成唐人街（華人街），匯成中國城。

中國文化隨著華工而進入拉丁美洲，為庶民文化增添活力。例如：由華人所引進的中國猜謎遊戲（charada），在古巴不僅是流行娛樂，也逐漸發展成臆測未來的玄學。另外，中國的嗩吶融入古巴音樂裡，成為嘉年華會與其他傳統節慶中不可或缺的樂器。在祕魯，因華工之故，「吃飯」一詞已融入當地生活，為西班牙文添增了新字彙「chifa」。如今，放眼首都利馬，不時瞥見掛著「chifa」字樣的中國餐館。

中國苦力：雪泥鴻爪

中國苦力投入鐵路修築、巴拿馬運河開鑿等諸多公共工程，促進拉丁美洲國家的經濟繁榮，是拉美現代化的無名英雄。走過中國苦力悲慘年代，也度過拉美社會的排華浪潮，華人終究贏得尊重，在拉丁美洲留下雪泥鴻爪。

▲ 嗩吶因華工而融入古巴音樂。圖為古巴音樂辭典，不僅封面上出現嗩吶，辭典裡亦詳細介紹嗩吶。

一八五〇年，巴拿馬鐵路公司（Panama Railroad Company）著手興建貫穿地峽鐵路，連接大西洋與太平洋。起初，該公司從愛爾蘭及加勒比海地區招募大批工人，從大西洋岸開始動工，卻因為工作環境惡劣，氣候溼熱難耐，瘧疾、黃熱病等疫病肆虐，造成工人大量死亡，工程幾乎停頓。於是，巴拿馬鐵路公司決定引進中國苦力從太平洋那端築起。

一八五四年，第一批中國苦力七百零五人，搭乘「海巫號」取道加拿大與牙買加，歷經六十一天終於抵達巴拿馬。根據工作契約，鐵路公司必須提供苦力中餐和鴉片，並給予宗教自由。中國苦力的薪水比愛爾蘭工人少，許多白人不願做的工作，全落到中國苦力身上，在鴉片的作用下，苦力的工作頗有進展。由於國際社會譴責鐵路公司以鴉片殘害苦力，鐵路公司因此停止供鴉片，苦力身體便出現異狀，紛紛病倒，進而嚴重影響工程。

許多苦力終究無法負荷過度勞役與疾病摧殘，而以自殺結束悲慘的遭遇。在當地，傳說死去的中國苦力比鐵路的枕木還多，並將鐵路經過的一個小鎮易名為「謀殺華人」（Matachinos）。事實上，整條鐵路共用了十四萬塊枕木，而這個小鎮原名「瑪塔欽」（Matachín），誇大苦力死亡數字，且將小鎮易名為「謀殺華人」，似乎為中國苦力的遭遇流下同情眼淚。

一八五五年，跨洋鐵路終於完工。在一八五六至一九〇四年間，這條鐵路共賺進了三千七百萬美元，可觀的經濟利益對比中國苦力的賤命，多麼諷刺啊！

至於巴拿馬運河，不論是法國先前所負責的興建計畫（1880 -1889），抑或美國後來所主導的開鑿工程（1903 -1914），前後三十年間，近萬名華工先後進入巴拿馬，為這項艱鉅工作流血流汗，甚至其中有八百餘人犧牲了性命。由於美國實施排華政策，華工的貢獻未能被正式記載，但無人能忽略這段史實。

▲ 智利街頭的中國餐館，以「港埠華人」（Chinito Puerto）為招牌，除了強調國際美食之外，亦流露出興味。

▶ 哈瓦那一家兼賣咖啡的三明治店，店名叫「華人」（El chino）。「華人」亦指東方人，同時帶有異國情調之意。

巴拿馬人口四百餘萬，華人占百分之五，約二十萬人。從第一個僑社組織「華安公祠」於一八八二年成立至今，各種僑社組織逾四十個。走過中國苦力悲慘年代，也度過巴拿馬社會的排華聲浪，華人終究贏得尊重，巴拿馬政府於二〇〇四年宣布每年三月三十日為「全國華人日」，肯定華人對巴拿馬經濟發展的貢獻。

在墨西哥方面，因「馬尼拉大帆船」之故，於十六世紀即有華人移居墨西哥，並在墨西哥城匯集成一個規模不大的唐人街。自一八六四年以降，華工以自由人的身分，陸陸續續藉地利之便，越過美、墨邊界到墨西哥謀生。美國實施排華政策後，大批華人湧入墨西哥。起初，華工從事鐵路修築工作、受雇於莊園、或在礦區謀生。

一九〇二至一九二一年間，是華人移居墨西哥的高峰期，約四至五萬之多。然而，在這段時間爆發了墨西哥大革命（1910-1917），不少華人成為暴徒洩恨的對象，不僅財產被搶、甚至遭殺害。一九三〇年代，美國的大蕭條往南蔓延，墨西哥出現經濟危機。華人工作勤奮，對墨西哥勞工造成威脅；華人努力經商，成為墨西哥中小盤商的競爭對手；華人僑社組織日益壯大，形成一股勢力，給當地政府帶來壓力。諸多因素促使墨西哥出現排華浪潮，甚至有四萬餘名華人遭驅逐出境。排華浪潮持續三年之久，直到卡德納斯（Lázaro Cárdenas del Río，1895-1970）當選總統後才停止排華政策。

隨著華人的融入，墨西哥社會藉用「中文」、「中式」，衍生出許多有趣的辭彙，豐富了通俗文化。例如：「說中文」（hablar en chino），係指他人用詞詰屈聱牙，深奧難懂；「陷入中文境地」（está en chino），即處於棘手處境；「中式討債」（cobrar a lo chino），指雖無法收回債款，但以其他物品相抵，有聊勝於無之意。

最有趣的應該是「中式麵包」（pan chino）。除了名稱帶有異國情調之外，「中式麵包」並非包子、或饅頭之類的食品，而是略加改良的麵包。據信，一個華人來到墨西哥城開了一家咖啡館，而他所烘焙的「中式麵包」意外成為廣受好評的庶民糕點。

無論「中式討債」抑或「中式麵包」，已融入西班牙文之中，華工在致力於拉美經濟發展之際，也為拉美庶民文化留下軼聞。

美國聯合水果公司：國家中的國家

香蕉乃拉美地區最平凡的「食物」，或當成水果、或油炸後製成食品、或與其他食材一起入菜。十九世紀末以降，香蕉躋身暢銷農產品之列，然而，生產地卻陷入經濟依賴的困境中，而被戲稱為「香蕉共和國」，背後暗藏著血淚故事。

香蕉的品種非常多，原生種應該出現於東南亞溼潤地區，再被移植至非洲等地。在哥倫布發現新大陸之前，美洲熱帶地區也有香蕉，但其品種與亞洲不同，必須煮熟才能食用。一五一六年，西班牙神父白蘭佳（Tomás de Berlanga，1487-1551）從加納利群島，引進新品種香蕉至西班牙島。自此，香蕉乃拉美地區最平凡的「食物」，或當成水果、或油炸後製成食品、或與其他食材一起入菜。

十九世紀初葉，北美與西北歐等地的居民仍不識香蕉為何物，僅有少數往返拉美熱帶地區的水手、投資客才有機會嚐到香蕉的美味。賈西亞．馬奎斯在《百年孤寂》（*Cien año de soledad*）裡，即以魔幻寫實技巧寫下美國佬初嚐香蕉時的好奇反應：

▲ 以香蕉入菜十分普遍，單獨成一盤，或做為其他菜餚的配料。

▶ 炸香蕉片。

他抓起第一根香蕉，似乎不怎麼喜歡。可是，他一邊講話一邊吃，嚐試著，咀嚼著，不像美食家享受食物的樣子，卻像智者消遣一般，吃完了第一串，又要人再給他一串，接著他從隨身攜帶的工具箱裡取出光學儀器，儼然鑽石商人仔細檢視香蕉，再以特殊的小手術刀加以分解，用藥劑師的天秤稱重量，用槍砲工的腳規來量寬度。

投資客陸續利用航行之便，將拉美香蕉銷到美國港口，其中，美籍船長貝克（Lorenzo Dow Baker，1840-1908）開啟了香蕉熱潮。話說一八七〇年，貝克在牙買加以每串一先令的價格，買了一百六十串香蕉，十一天後回到美國澤西市（Jersey City），每串則以兩美元售出。如此高利潤的買賣，令貝克相信香蕉買賣可以致富，於是再度從牙買加出口香蕉到波士頓，果然同樣大賺一筆。

在貝克的遊說下，普雷斯頓（Andrew Woodbury Preston，1846-1924）與九名股東於一八八五年成立波士頓水果公司（Boston Fruit Company）。至於貝克，則進駐牙買加負責監督香蕉裝運工作。與標準蒸汽船航海公司（Standard Steam Navigation Company）的合作下，波士頓水果公司壟斷了牙買加香蕉買賣，不僅大發利市，更進而壟斷古巴、多明尼加等周邊國家的香蕉產地。不過，加勒比海的產地無法滿足美國市場的需求，必須開發更大的產區。

除了加勒比海諸島外，在北緯二十四度至南緯三十度之間的熱帶溼潤地區，最適合香蕉生長，而位於這個區域內的拉美國家有：瓜地馬拉、薩爾瓦多、宏都拉斯、尼加拉瓜、哥斯大黎加、巴拿馬、哥倫比亞、厄瓜多。不少美國投資客趨之若鶩，冀望藉香蕉貿易一夕致富。香蕉在十九世紀末躋身暢銷農產品之列，然而，生產地卻陷入經濟依賴的困境中，而被戲稱為「香蕉共和國」，背後暗藏著血淚故事。

邁樂．凱斯（Minor Cooper Keith，1848-1929）為香蕉貿易締造另一個傳奇。出生於美國紐約布魯克林區，邁樂．凱斯於一八七〇年向哥斯大黎加政府取得興建鐵路權，擔任中美洲鐵路公司

▲香蕉除了剝皮直接生食外，亦可乾煎、或油炸。炸香蕉是拉美各國最普遍的國民美食。

▼邁樂．凱斯係權傾一時的美國企業家，儼然「中美洲未加冕的國王」，他的名字象徵權利與財富，因此，「邁樂」曾是瓜地馬拉最常見的名字。

（Ferrocarriles Internacionales de Centroamérica）總裁一職。鐵路興建完成後，開始投資香蕉貿易，經營了史耐德香蕉公司（Snyder Banana Co.）、哥倫比亞土地有限公司（Colombian Land Co. Ltd.）、熱帶貿易暨運輸有限公司（Tropical Trading and Transport Co. Ltd.）。

香蕉龐大的商業利益，促使普雷斯頓找上邁樂．凱斯，決定共同開發拉美的香蕉產地。於是，一八九九年三月，雙方企業合併，於紐澤西成立美國聯合水果公司，並在幾年內併購了美國水果公司（American Fruit Co.）、奎克市水果公司（Quaker City Fruit Co.）、賓尼士水果公司（Banes Fruit Co.）、紐奧良貝里斯皇家郵遞暨中美洲汽船有限公司（New Orleans Belize Royal Mail and Centro American Steamship Co. Ltd.）等企業。

二十世紀初，美國聯合水果公司已富可敵國，旗下擁有廣袤土地、數家鐵路公司、船運公司、郵遞公司和電力公司，壟斷了加勒比海、中美洲、巴拿馬、哥倫比亞、厄瓜多等地的香蕉貿易，不僅剝削拉美經濟，甚至干預拉美政權，因而被稱為「國家中的國家」。

美國聯合水果公司：霸權中的霸權

聯合水果公司的美國佬既沒帶來火繩槍，也沒披上鎧甲，卻以許多支票與美金賄賂了貪汙的執政者，從該國最顯要的人士中，挑出為他們效勞的工作犬。

二十世紀初，美國聯合水果公司幾乎控制了拉美香蕉產區，拉美獨裁政府任由美國聯合水果公司侵犯主權，導致國家陷入單一作物出口的經濟體系。在一九三〇至一九六〇年間，拉美小說家紛紛以聯合水果公司為藍本，書寫出一系列「香蕉小說」，藉之控訴美國企業的經濟壟斷。

這一系列小說或刻意凸顯香蕉園內的剝削情景、或著墨於以香蕉致富的美國投資客、或描繪香蕉工人的罷工行動、或書寫聯合水果公司如何血腥鎮壓罷工，小說標題充滿黑色幽默，流洩出抗爭意圖，例如：《回歸線的血淚》（*Sangre en el trópico*，1930）、《香蕉與人民》（*Bananos y hombres*，1931）、《運河區》（*Canal Zone*，1935）、《美國小媽咪》（*Mamita Yuani*，1941）、《溼地叢林》（*Manglar*，1946）、《綠色監獄》（*Prisión verde*，1950）、《強風》（*Viento fuerte*，1950）、《綠色教宗》（*El Papa Verde*，1956）、《逝者之眼》（*Los ojos de los enterrados*，1960）、《曲折的香蕉園》（*Zig-zag en las bananeras*，1964）。

拉美獨裁政府和美國聯合水果公司彼此勾結，形成一座天秤，當一端強大，另一端則跟著壯大，兩者之間的關係也如銅板的兩面，缺一不可。《美國小媽咪》以揶揄的口吻描寫聯合水果公司的雄厚財力，儼然執政者的衣食父母：

> 聯合水果公司的美國佬既沒帶來火繩槍，也沒披上鎧甲，卻以許多支票與美金賄賂了貪汙的執政者，從該國最顯要的人士中，挑出為他們效勞的工作犬。

為了開發香蕉產地，大批勞工遠離家園，進入香蕉園工作。香蕉產區地處溼熱地帶，黃熱病、瘧疾等肆虐，衛生條件極差，工作環境十分惡劣。工人僅領到微薄工資，成為名副其實的無產階級，既然生活無以為繼，不如將鎮日所賺得的微薄薪酬拿來喝酒買醉，正如巴爾札克（Honoré de Balzac，1799-1850）的名言：「酒醉是短暫的中毒。」瓜地馬拉作家阿斯圖里亞斯（Miguel Ángel Asturias，1899-1974）在《強風》裡，描寫工人對生活絕望，除了買春外，也藉酒精來麻醉自己：

> 火車一節節的車箱裡擠滿了人，都是準備到香蕉園工作的工人，個個沉默不語，臉色在遮陽帽下

顯得蒼白。有人抽著菸，有人則呆滯不語，一望無際的香蕉園裡，香蕉樹豎起砍刀般的綠色大葉子，彷彿阻隔大海通道的武裝軍隊，對此工人卻視若無睹。只有蒸餾酒、啤酒和買春……陪伴著他們，跟隨著他們，為他們打拍子。

▲ 香蕉熟得快，必須趁青綠時採收。

▼ 美國聯合水果公司不僅壟斷香蕉貿易，也控制加勒比海航運。圖為其旗下船運公司於一九一六年的郵輪廣告。

同樣的故事在各地香蕉園不斷上演。牙買加內陸生產的香蕉必須先由竹筏沿著格蘭德河（Río Grande）[6]運送至港口，再裝船出口。「香蕉船」熙來攘往，不論是小竹筏、抑或大貨輪，繁榮的景象全由工人的血汗換來。工人忙碌地將一串串的香蕉從竹筏卸下，包裝後再搬運到貨櫃，工作辛苦但工資微薄；於是，工人藉歌謠抒發鬱鬱心情，一邊工作一邊哼唱「香蕉船」直到天明。美國歌手哈利．貝拉芳德（Harry Belafcnte, 1927-）以「加力騷」（calypso）風格重新詮釋，成為風靡全球的《昳啊》（*Day O*），而其中那句歌詞「通霄工作只夠小酌蘭姆酒」，印證了酒竟然是跨國企業控制無產階級的利器！聯合水果公司附設在香蕉園的販賣部裡不乏酒精產品，當工人花完了工資，酒醒後回香蕉園工作，再掙錢等著下次買醉。

賈西亞．馬奎斯的《百年孤寂》超越了「香蕉小說」的格局，但對香蕉故事著墨頗深：

> 這回工人抗議他們的住宅區沒有衛生設備，沒有醫療服務，工作環境太差。而且，他們表示公司並未真正發下薪資，而是以票券代替，大家只能持票券向公司的販賣部購買維吉尼亞牌火腿。

富可敵國的跨國企業，國家中的國家，霸權中的霸權，其財富全靠剝削得來，連工人的微薄工資也不放過。

6 牙買加河流，與美墨邊界的格蘭德河同名，其原意為「大河」。

美國聯合水果公司：暴力中的暴力

所謂「綠色教宗」，就是一位先生坐在辦公室中，處理數百萬美元的訂單。動一根指頭，可令一艘船起航或停泊；說一句話，就可買下一個共和國；打個噴嚏，便讓一個總統、將軍或是知名人士倒臺……辦公座椅向後旋轉，即可爆發一場革命。

美國聯合水果公司能成為超級大企業，與鐵路的興建有極大關係。鐵路載運量高，迅速便捷，有助於經濟發展。在西班牙殖民時期，拉美部分地區為了運輸蔗糖、棉花等經濟作物，而於一八三〇年代開始興建鐵路。各國獨立後，受到現代化的鼓舞，不僅大量興建鐵路，甚至將興建權交由跨國企業執行，聯合水果公司藉機併購鐵路公司，壟斷香蕉的陸上運送系統。

水果公司與鐵路公司合併，邁樂·凱斯是關鍵人物。邁樂·凱斯早年投入中美洲鐵路興建工程，意圖建立香蕉產地與港口之間的鐵路網，卻因資金短缺而與普雷斯頓合作，並擔任聯合水果公司的第一副總裁。邁樂·凱斯娶哥斯大黎加前總統的千金為妻，後來進駐瓜地馬拉，在中美洲呼風喚雨。

一九三〇至一九六〇年代，「邁樂」（Minor）象徵財富與權力，許多於瓜地馬拉新生嬰兒，被以此命名，足見邁樂．凱斯在瓜地馬拉的影響力。

邁樂．凱斯被稱為「中美洲未加冕的國王」（the uncrowned king of Central America），其傳奇一生成為瓜地馬拉作家阿斯圖里亞斯的創作靈感，在數部香蕉小說中化身為「綠色教宗」，《強風》即如此寫道：

> 所謂「綠色教宗」，就是一位先生坐在辦公室中，處理數百萬美元的訂單。動一根指頭，可令一艘船起航或停泊；說一句話，就可買下一個共和國；打個噴嚏，便可讓一個總統、將軍或是知名人士倒臺……辦公座椅向後旋轉，即可爆發一場革命。

▲ 香蕉對拉美國家而言，絕非普通水果或食物，而是代表獨裁與剝削。

不同於天主教的仁慈教宗，「綠色教宗」影射美國企業家，剝削香蕉工人，擁有生殺大權，頗具諷刺意味。至於綠色，有雙關語，既是美鈔的顏色，亦指剛採收的香蕉。香蕉不適合長久儲存，在成熟期會散出大量熱能、二氧化碳、乙烯和其他氣體，而加速了成熟。因此，當香蕉還是青綠色時，需

▲ 如今中美洲所產的香蕉被貼上金吉達標籤銷往美國，在美國咖啡館、超級市場不難發現其身影。

◀ 瓜地馬拉作家阿斯圖里亞斯的小說《綠色教宗》。封面上，被捆的香蕉彷彿影射遭宰制的瓜地馬拉。

立即採收包裝，從產地藉鐵路運輸到港口，再以海運銷到美國和歐洲。

在拉美獨裁者的支持下，美國聯合水果公司不受拉美國家海關的管轄，可自由使用當地港口及碼頭設施。美國聯合水果公司旗下的海運公司，其所屬貨輪均有昂貴的空調設備，可將溫度控制於攝氏十三度到十六度之間，以延緩香蕉成熟。陸運與海運均遭壟斷，拉美本地的小蕉農、小水果公司根本無法生存，或任由所產的香蕉被以低價收購、或任由公司遭併吞。

美國聯合水果公司控制了拉美香蕉產銷逾一世紀，其間，香蕉工人抗議浪潮此起彼落，但無不遭血腥鎮壓。最駭人的例子，應該是一九二八年發生在哥倫比亞大西洋沿岸的香蕉園，約三千名工人聚集在火車站前，抗議聯合水果公司的剝削，為了維護聯合水果公司的利益，哥倫比亞執政當局下令槍殺抗議工人。對此，賈西亞．馬奎斯在《百年孤寂》裡，以冷靜筆觸描寫這場大屠殺：

> 上尉下令開槍，十四挺機槍立刻射擊。然而這一切宛如鬧劇。機槍咔咔咔咔咔響，白熱的火花清晰可見，聚集的群眾突然變得好像刀槍不入，既不叫喊，也不嘆息，彷彿機槍發射的是膠囊而不是子彈。

一九七〇年，聯合水果公司因財務問題而重整，更名為「聯合品牌公司」（United Brands Company）。一九八五年，再度易名為「金吉達品牌國際公司」（Chiquita Brands International）。無論如何更名，依然如國家中的國家，持續賄賂拉美政府，更暗地雇用哥倫比亞的準軍事團體（grupos paramilitares）達七年之久，屠殺工會抗議成員。二〇〇七年，金吉達品牌國際公司公開承認所作所為，並遭罰款兩千五百萬美元。不過，受難家屬一分錢也沒拿到。

拉丁美洲彷彿是獨裁者的舞臺。為鞏固權位，獨裁者甘願淪為美國政府的傀儡，並不惜發動政爭，藉由特務系統實施恐怖統治，迫害異己。在獨裁政府統治下，多少無辜百姓遭逮捕，受盡凌虐，最後被祕密處決，而成為沒有墓碑的幽魂！

4. Chapter 獨裁與威權

高地酋主義

西屬美洲在獨立後，並未走向康莊大道，反而陷入紛擾的政治迷宮之中，造成分裂。分裂後，各國或為自由派與保守派而爭執不斷，或為中央集權與聯邦分權而爭吵不休。在此政治氛圍下，高地酋主義大行其道，盛行百餘年。

在殖民時期，西屬美洲分為四個總督轄區，即：新西班牙（Virreinato de Nueva España）、新格拉那達（Virreinato de Nueva Granada）、祕魯（Virreinato del Perú）、拉布拉他（Virreinato del Río de la Plata）。獨立後，各地解放領袖與政治菁英有意仿傚美國，在舊時行政區建立聯邦共和國。

中美洲地區於一八二二年併入墨西哥，但不到一年時光，便脫離墨西哥，自立為「中美洲聯邦」（Estados Federados del Centro de América，1823-1824），後來易名為「中美洲聯邦共和國」（República Federal de Centro América，1824-1839），但終究分裂成瓜地馬拉、薩爾瓦多、宏都拉斯、尼加拉瓜、哥斯大黎加五國。

南美洲北部的「大哥倫比亞共和國」，同樣因兄弟鬩牆，而導致瓦解成委內瑞拉、厄瓜多、哥倫比亞。舊時的拉布拉他總督轄區在獨立初期成立「拉布拉他聯合省」（Provincias Unidas del Río de la Plata，1810-1831），又稱「南美洲聯合省」，但隔年巴拉圭即自立門戶，接著在祕魯與玻利維亞相繼解放後，烏拉圭也脫離。

質言之，西屬美洲在獨立後，並未走向康莊大道，反而陷入紛擾的政治迷宮之中，造成分裂。分裂後，各國或為自由派與保守派而爭執不斷，或為中央集權與聯邦分權而爭吵不休。獨立運動時所秉持的建國理想，不僅消失殆盡，彼此又因疆界不清和經濟利益、甚至莫名細故而大動干戈。誠如賈西亞·馬奎斯在《迷宮中的將軍》（*El general en su laberinto*）所描述：

> 難以駕馭和統治美洲，進行革命等於在海上耕耘，這個國家將無可救藥地落在一群烏合之眾的手中，之後則將被形形色色、如影隨形的暴君所掌控。

▲ 羅薩斯是典型的「高地酋」，曾擔任布宜諾斯艾利斯省長，實施專制統治，甚至利用政治、軍事、經濟等力量，控制其他省分。馬蒙曾因推廣烏拉圭報紙而遭羅薩斯政府拘禁十七天。拘禁期間，他以蠟燭燃燒瑪黛茶梗，利用茶梗燃燒過後的焦炭在監獄牆上寫下抗議羅薩斯的詩句。出獄後，馬蒙被迫流亡烏拉圭、巴西等地，並在異地完成《亞馬利亞》。

▲巴拉圭獨裁者羅德里格斯·德·弗朗西亞規定人民必須戴帽，以便人民見到他時脫帽行禮致敬，形成全國人民戴帽的有趣景象。

在此政治氛圍下，高地酋主義（caudillismo）大行其道，盛行百餘年。更為甚者，這些「民主共和國」儼然獨裁者的養成搖籃。「高地酋」（caudillo）乃音譯自西班牙語，即「首領」、「領袖」、「酋長」、「頭目」、「頭子」之意，在中國大陸譯為「考迪羅」。考量原文之西班牙語發音，兼具其本意，本文採「高地酋」譯法。

「高地酋」係「獨裁者」的一種，早期用來稱呼拉布拉他地區的首長，後來被廣泛運用。因此，「高地酋」並無固定釋義，可指軍閥、軍事強人，也可指獨霸地方的大老，更可指文人總統。百餘年來，拉美誕生了許多形形色色的「高地酋」，彼此的人格特質不盡相同，但均有個人領袖魅力，喜於個人崇拜。以下列舉兩例。

阿根廷的羅薩斯（Juan Manuel Rosas，1793-1877）早年因抵禦英國入侵而嶄露頭角，但卻未參與爾後的獨立運動。他是優秀的軍事將領，馬術精湛，同時善於管理，為了發展畜牧業，於是以「建立秩序」為藉口，而大量屠殺原住民。在政治方面，羅薩斯乃聯邦分權派，曾兩度擔任布宜諾斯艾利斯省長，以省長身分控制整個拉布拉他地區，第二次更掌權長達十七年，直到被推翻並流亡英國為止。

巴拉圭的羅德里格斯·德·弗朗西亞（José Gaspar Rodríguez de Francia，1766-1840）則為文人「高

地酋」，受過高等教育，擁有博士學位，為律師。他曾參與獨立運動，巴拉圭獨立後，被推選為執政委員會成員，一八一四年以「最高執政官」的頭銜成為國家元首，人民稱他為「至尊」（el Supremo），自一八一七年起改為「終身執政官」。羅德里格斯．德．弗朗西亞在巴拉圭執政二十六年，領導國家走向光榮孤立，雖然對國家繁榮貢獻頗多，對異己卻相當殘暴。他規定人民戴帽，當人民見到他時，必須脫帽行禮致敬，形成全國人民戴帽的有趣景象。

「高地酋」看似時代產物，卻方興未艾，獨裁政體沿襲至二十世紀末葉，投射出拉美的動盪政局與變形社會，流洩出荒誕色彩。不少「高地酋」的獨裁形象成為文學家的創作靈感。阿根廷作家馬蒙（José Mármol，1817-1871）以羅薩斯為題材，而寫出《亞馬利亞》（*Amalia*），奠下以史實為基礎的獨裁小說先鋒。羅德里格斯．德．弗朗西亞的獨裁統治，被羅亞．巴斯托斯（Augusto Roa Bastos，1917- 2005）化為小說《惟我獨尊》（*Yo, el supremo*）。透過作家的生花妙筆，「高地酋」圖像栩栩如生，也令拉美獨裁小說蔚為風潮。

歷史變奏曲：獨裁者的圖像

在獨裁統治下，美國干預、游擊戰爭、農民革命、民粹運動接踵而至，國家陷入孤寂與喧鬧交錯的迷宮。於是，小說家以獨裁者為創作藍圖，勾勒出歷史人物的輪廓，同時也塑造出小說人物的原型，藉人物描寫投射出紛擾世局。

拉美國家獨立後，一個個所謂的「民主」共和國長期由強人執政，從高地酋到獨裁者，占據拉美近代史大篇幅，不僅改變拉美政治生態，也荼毒了拉美社會。二十世紀堪稱獨裁者的時代，這些在文學家筆下的「暴君」，也是知識分子口中的「完美笨蛋」（perfecto idiota），大致可分為三大類型：一是「文人總統」，卻是最複雜的一類，善於恐怖統治，與其鴻儒文質彬彬的外表頗為格格不入；「軍事強人」係最典型的獨裁者，或出身軍旅、或為冒險家，在槍林彈雨中取得政權，以著軍服為榮，常被刻劃出「馬背上的人物」、「手持馬鞭及手槍」等形象；「平庸總統」則指多數的獨裁者，以政變取得政權後，常因得意忘形而隨即遭推翻。

瓜地馬拉的艾斯德拉達（Manuel Estrada Cabrera，1857-1924）、委內瑞拉的葛梅斯（Juan Vicente Gómez，1857-1935）、多明尼加的拉法葉・特魯希猶（Rafael Leónidas Trujillo，1891-1961）、尼加拉瓜的安納斯塔西奧・蘇慕沙、古巴的巴蒂斯塔、海地的杜瓦利埃（François Duvalier，1907-1971）、巴拉圭的史托斯納爾（Alfredo Stroessner Matiauda，1912-2006）、智利的皮諾契特（Augusto Pinochet，1915-2006）、巴拿馬的諾瑞嘉（Manuel Antonio Noriega，1934-）等，均為左右拉美政壇一時的獨裁者，對外皆為美國盟友，甚至受美方扶持，而得以鞏固政權。

為了長期執政，獨裁者無不以舞弊、修改憲法、建立傀儡政府等手段，任期短的六、七年，長則達二十年，甚至三十五年之久。其中，艾斯德拉達是文人總統，卻對異己採取高壓政策，而統治瓜地

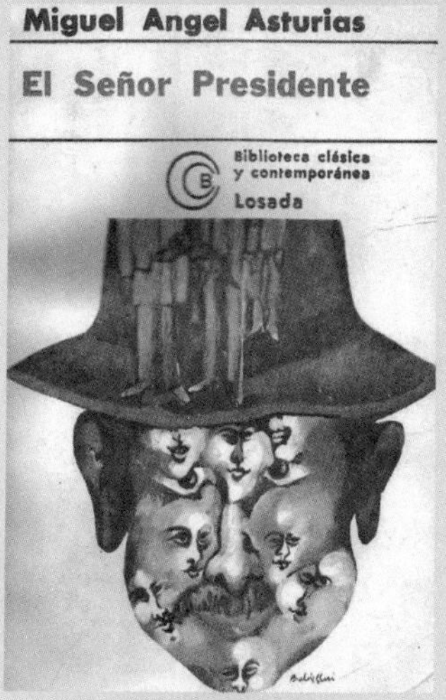

▲ 賈西亞・馬奎斯以黑色幽默的冷淡基調，鋪寫《獨裁者的秋天》，小說裡的獨裁者融合了幾位歷史人物的特質，雖未指名道姓，讀者卻能從文中橋段看出端倪。

▼ 阿斯圖里亞斯以艾斯德拉達為藍本創作出《總統先生》。

馬拉二十二年；特魯希猶是軍事強人，被公認為拉美最血腥的獨裁者之一，其家族主宰多明尼加命運長達三十年。蘇慕沙家族亦不遑多讓，控制尼加拉瓜四十五年，父子三人先後就任總統；同樣，杜瓦利埃家族也縱橫海地二十八年。

在獨裁統治下，美國干預、游擊戰爭、農民革命、民粹運動接踵而至，國家陷入孤寂與喧鬧交錯的迷宮。於是，小說家以獨裁者為創作藍圖，勾勒出歷史人物的輪廓，同時也塑造出小說人物的原型，藉人物描寫投射出紛擾世局。暴虐、無道、冷血、狂妄、自大、孤僻……均為獨裁者共同的人格特質；然而，透過嘲弄戲謔的魔幻筆觸，文學巨擘卻將獨裁者的種種人性弱點，刻劃入微，讓獨裁者的圖像多了些戲劇性，流露出揶揄氛圍，也讓一部部精采的文學作品宛如暗夜裡的燦爛煙火，驚豔國際文壇。

獨裁小說於一九七〇年代達到高峰。顧名思義，主人翁就是獨裁者本身，至於如何稱呼獨裁者，才能符合史實，又能字裡藏玄達到戲謔效果，小說家可說費盡心思。例如：為了凸顯獨裁者的至高無上，就用「至尊」（el Supremo）、或直接用職銜「總統先生」（el Señor Presidente）；若要表達其寡頭背景且兼具非正統出身，則用「族長」（el Patriarca）、「首領」（el Caudillo）、「大法官」（el Primer Magistrado）、「大總管」（el Mayordomo）之類。亦有作家簡單以「那個人」替代，甚至借用古代暴君之名，營造出獨裁體制下的恐怖氛圍。

拉美三位以小說見長的諾貝爾文學獎得主，亦耕耘出不少獨裁小說。瓜地馬拉作家阿斯圖里亞斯以《總統先生》（*El Señor Presidente*，1946）影射艾斯德拉達，但文中並未明確註記故事發生的時間與地點，甚至沒道出獨裁者的名號，巧妙塑造了拉美獨裁者的原型，是獨裁小說的經典之作。從賈西亞．馬奎斯的《獨裁者的秋天》（*El otoño del Patriarca*，1975），彷彿瞥見蘇慕沙家族的末路，即便曾有呼風喚雨的本事，仍舊得面臨孤寂落寞的秋天。祕魯作家巴爾加斯．尤薩（Mario Vargas Llosa，1936-）從舊題材得到新靈感，創作出《公羊的盛宴》（*La Fiesta del Chivo*，2000），披露特魯希猶的荒誕行徑，同時也鋪寫人民推翻暴政的決心。

獨裁小說儼然歷史變奏曲，隨著情節跌宕起伏，獨裁者的圖像逐漸清晰鮮明。

▲ 特魯希猶性好漁色，人民背後稱他為「公羊」，一群密謀者以「宰殺公羊」為暗號，決定暗殺特魯希猶。巴爾加斯．尤薩以《公羊的盛宴》披露特魯希猶的荒誕行徑，同時也反應出人民推翻暴政的決心。標題一語雙關，多巧妙！

總統與火神

昔日，馬雅火神要求祭司舉行活人獻祭後，才肯賜予部落火苗，並保護部落的安全。今日，獨裁總統神出鬼沒，如火神一樣，需要祭司替他獵捕有二心者，不俯首帖耳者，輕者遭拘禁及酷刑，重者則遭處決。總統與火神竟可類比！

我一直很喜歡瓜地馬拉作家阿斯圖里亞斯的小說，例如：《總統先生》、《玉米人》（*Hombres de maíz*，1949）、《強風》、《綠色教宗》等。其實，早年會投入拉丁美洲研究，全因浸淫於阿斯圖里亞斯的小說世界中而欲罷不能。阿斯圖里亞斯係拉美魔幻寫實先驅，是獨裁小說的翹楚，於一九六七年榮獲諾貝爾文學獎。他有「大舌」（El Gran Lengua）之美譽，意指他在鋪陳拉丁美洲的大時代故事之際，也重建了印地安傳奇，儼然古代馬雅先知，為讀者述說一則又一則的馬雅神話。

阿斯圖里亞斯的小說主題有敘述鄉土情懷，也有訴說政治抗爭與社會衝突。不論那一類主題均蘊藏馬雅神話，亦可看出他刻意著墨於人與土地之間共生共存的關係。簡言之，阿斯圖里亞斯以馬雅神話重塑光榮的過去，並藉以嘲諷動盪的今日，將今昔兩種不同的情境融合於同一時空之中，使小說情節充滿民族色彩，並遠離枯燥無味。

其中，《總統先生》為一部經典的獨裁小說，將一個玩弄權術的「文人總統」描寫得淋漓盡致。小說中，未註明故事所發生的時間與地點，甚至沒道出獨裁者的名號，但隨劇情發展，誰是獨裁者已然呼之欲出，不僅勾勒出真實人物的輪廓，同時巧妙塑造出拉美獨裁者的原型。《總統先生》影射的正是瓜地馬拉總統艾斯德拉達，他共執政二十二年（1898-1920），為典型的拉美獨裁者。

瓜地馬拉醫學院於一九〇二至一九〇三年間爆發學生抗議事件，阿斯圖里亞斯的父親當時擔任法官，奉命處理學生運動，因處理不當而丟官，母親也連帶失去教職，為了生計，舉家只好移居馬雅村落莎拉瑪（Salamá）。阿斯圖里亞斯彼時年僅四歲，因而有機會接觸到馬雅文化；九歲時，才又搬回瓜地馬拉市就學。在家，父母不時關起門來批評艾斯德拉達的政權，但以「那個人」來代替艾斯德拉達。「那個人又把某某人槍決了！」之類的談話時常縈迴阿斯圖里亞斯的腦海。長大後，阿斯圖里亞斯先就讀醫學院，後改

▲《波波烏》係馬雅基切族的聖書，又稱為《鑑書》（*Libro del consejo*），意味著先民的智慧有如明鏡般鑑照後人；也稱《團體之書》（*Libro de la comunidad*），記載先民的起源與歷史。

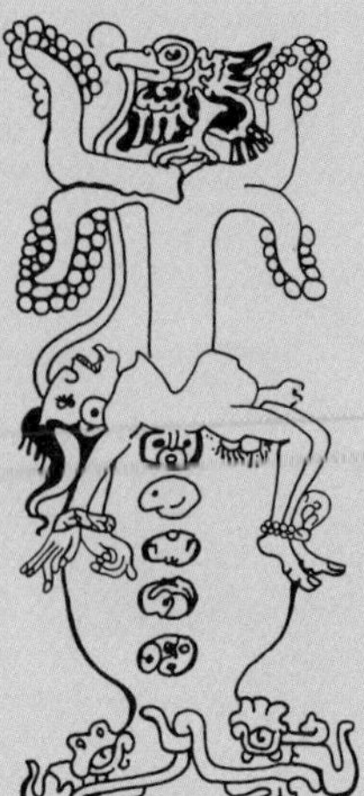

▲在《總統先生》裡，總統僅出現在七個章節，卻是無所不在的暴君，神出鬼沒，儼然馬雅火神一般。火神要求部落舉行活人獻祭，才肯賜予人民平安；總統血腥鎮壓異議分子，藉獨裁政體維持社會秩序。以古諷今，匠心獨運！

念法學院，某次因觀看了一齣疑似抨擊艾斯德拉達的戲劇而被捕入獄。

《總統先生》故事藍本出自阿斯圖里亞斯幼年至青年時期的親身經驗，其中包括被捕入獄的恐怖經歷。文本融合夢境、神話等魔幻手法，描寫獨裁統治下的恐怖氛圍，披露市井小民的無奈吶喊，刻劃拉丁美洲的真實世界。

在《總統先生》裡，總統雖然僅出現於七個章節，卻儼然無所不在的暴君，令人不寒而慄。小說第三十七章〈火神之舞〉（El baile de Tohil），描寫主人翁「天使臉」（Cara de Ángel）的幻覺。「天使臉」係總統的心腹，以此為綽號，誠如其西班牙文原意，頗具諷刺意味，反應出主人翁有天使般俊美的外表，行為卻宛如墮落天使（Lucifer），替總統執行各項祕密行動。當「天使臉」意識到自己已失去總統的信任，將成為下個犧牲品，於是對總統產生了恐懼，並將總統幻想成馬雅神話中的火神多以爾（Tohil），而這一段書寫最引人入勝，魔幻寫實大師的功力令人嘆為觀止。

根據馬雅基切（Quiché）族的聖書《波波烏》（*Popol Vuh*）所記載，多以爾是惡神，要求祭司舉行活人獻祭後，才肯賜予部落火苗，並保護部落的安全。祭司為了確保人祭源源不斷，於是化身虎豹誘捕外邦人，或策動戰爭捕捉戰俘，再將外邦人或戰俘的心臟獻給嗜血的火神，使聖凡兩界得以共生。換言之，在神靈的淫威之下，部落必須敬拜神祇，以求得平安，而祭司成為人神之間的中介，可隨意挑選活人祭品。

《總統先生》也闡釋相同的象徵意義：總統神出鬼沒，如火神一樣，需要祭司替他獵捕有二心者。亦即，總統以高壓統治鞏固權力，藉獨裁政體維持社會秩序，不俯首帖耳者，輕者遭拘禁及酷刑，重者則遭處決。除了祭司扮演會「獵」人的「獵人」之外，在祕密警察組織下，每一個人物角色，親朋好友、街坊鄰居、上司下屬等，全都是會「獵」人的「獵人」，同時又是被鎖定的「獵物」，成為被「獵」的祭品。正如「天使臉」曾是總統最好的「獵人」，「獵人」最後反成「獵物」。

▲ 在阿斯圖里亞斯的筆下，瓜地馬拉總統艾斯德拉達儼然馬雅火神。

以古諷今，將總統比喻為火神，如此匠心獨運，確實無人能及！

公羊祭：獨裁者的末路

他性好漁色，又以綁架、酷刑、凌虐、屠殺為統治手段，儼然行事齷齪且嗜血成性的獨裁者，人民於是背後戲稱他為「公羊」。一群密謀者決定以「宰殺公羊」為暗號，終結獨裁者的妖巫夜會，而人民也載歌載舞，不斷歡唱：「宰殺公羊，大快朵頤。」

「梅瑞格」（merengue）係音樂曲種，於十九世紀中葉發源於多明尼加共和國，這種可歌可舞的民俗音樂，後來因頗受獨裁者拉法葉．特魯希猶的喜愛而大肆流行。一九六一年，特魯希猶遇刺身亡，作曲家即譜出「梅瑞格」（merengue）《宰殺公羊》（*Mataron al Chivo*），藉音樂表達人民獲得自由的心聲：

歡欣鼓舞，
人民慶祝，
公羊的盛宴，
五月三十日。

拉法葉．特魯希猶出身海軍陸戰隊，在美軍占領多明尼加期間得到拔擢，而擔任多明尼加國民警衛隊隊長，並於一九三〇年取得政權，從此實行個人獨裁長達三十一年之久（1930-1961），史稱「特魯希猶時代」。期間，除了一九三八至一九四二年間短暫卸下職位之外，特

▲ 圖為多明尼加共和國外交部的天井，在這幢建築的地下室曾被特魯希猶當成享樂的祕密場所。

魯希猶個人執政至一九五一年，為了延續家族的政治生命，於一九五二年五月舉行總統大選，將弟弟艾克托（Héctor Bienvenido Trujillo，1908 -2002）推上總統寶座，自己則退居幕後，儼如太上皇，而有「統帥」（Jefe）、「大元帥」（Generalísimo）、「大恩人」（Benefactor）、「新祖國之父」（Padre de la Patria Nueva）等封號。一九六〇年，多明尼加遭經濟制裁，特魯希猶礙於國際壓力，而讓艾克托下台，另扶持巴拉格（Joaquín Balaguer，1906-2002）繼任總統。

在特魯希猶時代，首都聖多明哥（Santo Domingo）市易名為「特魯希猶市」，嚴禁其他政黨活動，由執政黨多明尼加黨（Partido Dominicano）獨大，異議人士或遭酷刑、或被殺害，各種殘暴手段令人不寒而慄。另外，特魯希猶不滿海地移民不斷非法越過邊境，而於一九三七年下令屠殺海地非法移民，據統計約有二萬名海地人遇害。

在外交上，特魯希猶是美國的盟友，堅守美國在冷戰時期的反共立場，多次策劃暗殺委內瑞拉總統貝坦科爾特（Rómulo Betancourt，1908 -1981），參與美國先鋒部隊鎮壓加勒比海地區的解放運動，協助美國成功推翻瓜地馬拉總統亞本茲，更在中情局的授意下企圖顛覆卡斯楚政權。

特魯希猶性好漁色，又以綁架、酷刑、凌虐、屠殺為統治手段，儼然行事齷齪且嗜血成性的獨裁者，人民於是背

▲ 聖多明哥係西班牙在美洲所建立的第一個殖民城市，曾一度被易名為特魯希猶市。聖多明哥老城區仍遺留三百餘處殖民時期建築，圖為哥倫布城堡外一景，這裡曾為哥倫布家族的官邸。

後戲稱他為「公羊」。為何綽號取為「公羊」呢？因為公羊象徵男性的情慾，而性又是一切生命的起源，因此公羊是酒神戴奧尼索斯（Dionysus）、美麗女神芙羅黛蒂（Aphrodite）和牧羊神潘恩（Pan）的坐騎，傳遞愛情與生命。根據希臘神話傳說，公羊是悲劇性的動物，酒神戴奧尼索斯舉行祭典時，必須血祭公羊，而悲劇乃「公羊之歌」。《聖經．肋未紀》第十六章，記載以色列子民將一切罪惡放在公羊頭上，然後將牠放逐於曠野，象徵天主赦免人類的罪惡。在天主教的信仰裡，公羊係汙穢、不潔、凶惡的動物，在最後的審判時，代表地獄那一方。在中世紀，一般認為撒旦有公羊的角和四肢，公羊於是成了魔鬼的化身，甚至是淫蕩、猥褻的符碼。特魯希猶的「公羊」綽號顯示出民怨，尤其他荒淫無度，夜夜笙歌，任意染指部屬妻女。

終於，一群密謀者以「宰殺公羊」為暗號，計畫在聖多明哥市通往聖克里斯多堡（San Cristóbal）的公路上暗殺特魯希猶，終結獨裁者的妖巫夜會。這群密謀者均為特魯希猶的部下，有人並服役於軍中，卻各自都有暗殺特魯希猶的理由：有因親弟弟被特魯希猶陷害而喪命，有因未婚妻的兄長是共產黨員而遭特魯希猶阻撓婚事……

一九六一年五月三十日晚間，沒有隨扈保護，特魯希猶僅由司機陪同，正準備前往聖克里多堡的別墅沉溺於情慾之中。那晚，九點四十五分，特魯希猶的座車遭到埋伏，特魯希猶在槍林彈雨中喪身。民眾在得知特魯希猶遭暗殺之後，無不驚慌失措，擔心軍情局（Servicio de Inteligencia Militar）搜捕密謀者而受到牽連。數天後，特魯希猶家族成員流亡海外，他的雕像被搗毀，他一手創立的軍情局也瓦解，人民歡聲雷動，載歌載舞：

宰殺公羊，
大快朵頤。
宰殺公羊
不讓我看見……
在公路上，
宰殺公羊
不讓我看見……

杜瓦利埃的特務系統：吃小孩的「背包叔叔」

杜瓦利埃不信任軍隊，為了嚴防軍事政變，於是親自設立特務系統。這支特務系統橫行霸道，胡作非為，海地民間因而稱之為「背包叔叔」（Tontons Macoutes），源於民間一則驚悚的鬼怪奇譚，指一個扛著大背包的妖怪，到處擄掠小孩，並將小孩吃掉……

在美洲國家中，海地的命運最為乖舛，於一八〇四年獨立，並同時解放奴隸，卻不斷陷入混亂與暴力之中，導致國家殘破不堪，百廢待舉。除了獨裁統治外，其中癥結在於族群鬥爭。黑人占總人口的百分之九十五，姆拉多黑白混血人種僅約百分之五，兩者之間不斷爭權奪利。然而，長久以來，姆拉多人總是略勝一籌，當黑人有機會執政時，便以更激烈手段回報。

海地作家兼外交官讓・普里斯・馬斯（Jean-Price Mars，1876-1969），將黑人運動（Négritude）思想訴諸於文字，於一九二八年出版《叔父語錄》（*Ainsi parla l'Oncle*），揭櫫海地的黑人主義（Noirisme），喚醒黑人應找出自我定義，尋求一個融合巫毒教的新文化認同，同時導正巫毒教絕非邪教的世俗觀念。杜瓦利埃（François Duvalier，1907-1971）將《叔父語錄》奉為圭臬，崛起於政壇。

杜瓦利埃出身於一個黑人中產階級，曾在海地、美國就讀醫學院。學成歸國後，仿傚史懷哲精神，投入醫治瘧疾、雅司[7]等惡疾，深得民心，因而贏得「醫父」（Papa Doc）之美名。一九五六年，海地舉行總統大選。杜瓦利埃頂著救世濟人的醫生光環，從三名候選人中勝出。但是，杜瓦利埃的黑人主義與神祕主義色彩過於鮮明，引起姆拉多人的不滿。姆拉多人主要為工商階級，頗有勢力，於是以杜瓦利埃在大選中舞弊為由，於太子港發動大規模的罷工活動。

杜瓦利埃上臺後，隨即露出獨裁者猙獰的面目。他採取鐵腕政策，強迫人民回到工作崗位，脅迫商家重新開業。他大肆逮捕反對人士，利用特務搶劫不願配合營業的商家。杜瓦利埃不信任軍隊，為了嚴防軍事政變，他親自設立特務系統。他收買選舉時的忠實追隨者，也吸收貧民窟的地痞流氓、巫毒教徒，共同組成特務，直屬總統負責，取名為「蒙面人」（cagoulards），因成員穿上蒙面兜帽而得名。一九五八年，「蒙面人」擴大為民兵組織，其勢力已超越軍隊，四處殺害反政府人士，甚至公開懸掛被害人的屍體，達到殺雞儆猴的效果。

這支民兵組織後來再擴大編制，正式名為「國家安全志願軍」（Volontaires de la Sécurité Nationale）。成員穿戴藍制服、牛仔帽、黑墨鏡、紅領巾，配帶步槍、或左輪手槍，大搖大擺穿梭各地。一九六一至

7 雅司（Yaws）又稱印度痘，是接觸性皮膚傳染病。

一九六二年間，杜瓦利埃更委請美國海軍陸戰隊代為加強軍事培訓。彼時，「國家安全志願軍」成員有八千人，而海地國家軍隊僅五千人，可見杜瓦利埃十分倚賴這支民兵組織，藉此削減軍方勢力。

這支民兵組織橫行霸道，胡作非為，海地民間因而稱之為「背包叔叔」（Tontons Macoutes）。「Tontons Macoutes」係海地的克雷奧語（créole）[8]，「Tontons」乃叔叔之意，「Macoutes」則為農村使用的草籃。該詞源於民間一則驚悚的鬼怪奇譚，指一個扛著大背包的妖怪，到處擄掠小孩，並將小孩吃掉。據統計，在杜瓦利埃父子任內，這所謂的「背包叔叔」，至少殺害四萬人。

杜瓦利埃以「背包叔叔」為後盾，實施恐怖統治，迫害異己。杜瓦利埃多次逼迫國會修改憲法，使他合法連任，成為海地的終身總統。後來杜瓦利埃健康惡化，他再次修改憲法，意圖讓他年僅十九歲的兒子小杜瓦利埃（Jean Claude Duvalier，1951-2014）終身繼任總統。一九七一年二月，小杜瓦利埃如願當上總統，而老杜瓦利埃於同年四月逝世。

小杜瓦利埃爾後與掌握工商資源的姆拉多家族聯婚，象徵傳統勢力與工商財團之結合，再加上美國的支持，國家政治、經濟資源皆任由杜瓦利埃家族揮霍且中飽私囊。在小杜瓦利埃的統治下，貪瀆風氣更盛於其父統治時代，血腥手段比其父是有過之而無不及。

礙於國際壓力，小杜瓦利埃減縮「背包叔叔」的人數，卻又另外建立一支效忠自己的軍事組織，

8 海地的克雷奧語（créole）係簡化法文文法及拼音，並融合少數西班牙語、英語及非洲方言而成。

成員有七百人，個個穿上豹紋制服，而名為「金錢豹」（Léopards），以平衡「背包叔叔」與海地國家軍隊。一九八〇年以降，海地被美國列入愛滋病高危險區，觀光客卻步，經濟萎靡不振，各地抗議、罷工、暴動連連，這些不滿形同火山，終有爆發的一天。

果真，「背包叔叔」再也壓抑不住人民的怒火，美國於是促使小杜瓦利埃下台。一九八六年二月，在美國的安排下，小杜瓦利埃和其家眷、親信逃亡國外，結束了杜瓦利埃父子長達二十八年的統治。「背包叔叔」隨著杜瓦利埃父子垮臺而解散，一度成為地下組織，流竄海地社會。

▲「背包叔叔」本指扛著大背包的妖怪，到處擄掠孩童，並吃掉孩童。海地政府曾以「背包叔叔」做為特務系統的名稱，增添驚悚氛圍。

▼老杜瓦利埃有「醫父」之美名，卻在掌權之後實施獨裁統治。

智利九一一事件

一九七三年九月十一日，皮諾契特發動軍事政變，以強大火力轟炸總統府，阿燕德總統最後飲彈自盡。同時，詩人聶魯達臥病在床，奄奄一息，隨著早夭的左派政府漸漸逝去……這就是著名的「智利九一一事件」！

位於古巴哈瓦那舊區的伯迪奇達（La Bodeguita del Medio）酒吧，散發波希米亞式的浪漫與不羈，因而聲名大噪。昔日，文人雅士聚集於此，國際聞人也慕名而來。美國作家海明威（Ernest Hemingway，1899-1961）、智利詩人聶魯達（Pablo Neruda，1904-1973）、智利政治家阿燕德（Salvador Allende，1908-1973）、哥倫比亞小說家賈西亞．馬奎斯等，在把酒言歡後，紛紛為酒吧留言。其中，阿燕德寫下：「古巴已獲自由，智利尚待努力。」

阿燕德本為外科醫生，後投入政治，曾任眾議員、衛生部長、參議員、議長等職。一九五九年，古巴大革命光榮結束後，阿燕德即赴古巴參訪；一九六一年，「豬玀灣事件」落幕後，阿燕德又從智利飛往古巴，以行動支持卡斯楚的社會主義改革，並為伯迪奇達酒吧留言，期盼智利能如古巴一般，獲得

▲ 智利總統府。

▶ 一九六一年，阿燕德以「古巴已獲自由，智利尚待努力。」為哈瓦那的伯迪奇達酒吧留言，期盼智利能如古巴一般，獲得「自由」，遠離美國的染指。不料阿燕德一語成讖，智利的「自由之路」確實走得相當艱辛！

「自由」，遠離美國的染指。不料阿燕德一語成讖，智利的「自由之路」確實走得相當艱辛！

阿燕德早年加入智利社會主義黨，代表左派黨於一九五二、一九五八、一九六四年三度參選總統，均不幸落選。一九七〇年，阿燕德終於當選總統，並成立左翼聯合政府，仿傚古巴進行一系列社會主義改革，其中包括：土地改革、企業國有化、提高最低工資、推動各項社會福利。阿燕德的社會主義改革過於急促，雖然嘉惠農工階級，卻動及既得利益者，特權階級無不藉機報復。因國有化之故，跨國公司不再投資智利，造成資金短缺，影響經濟深鉅。此外，社會福利政策導致財政赤字，阿燕德於是大肆發行貨幣，反而引發通貨膨脹，人民不滿情緒逐日升高，罷工四起，國內外反動勢力蠢蠢欲動，智利陷入動盪局面。

為了穩定政局，阿燕德求助於軍方。一九七三年八月二十三日，他任命皮諾契特三軍總司令，孰知引狼入室。同年九月十一日，在尼克森（Richard Nixon，1913-1994）的支持下，皮諾契特發動軍事政變，以強大火力轟炸總統府，阿燕德最後飲彈自盡。這就是著名的「智利九一一事件」！

在阿燕德被推翻之際，聶魯達臥病在床，奄奄一息。《二十首情詩和一首絕望的歌》（*Veinte poemas de amor y una canción desesperada*）依舊熾熱，詩人卻隨著早夭的左派政府漸漸失去溫度。九月

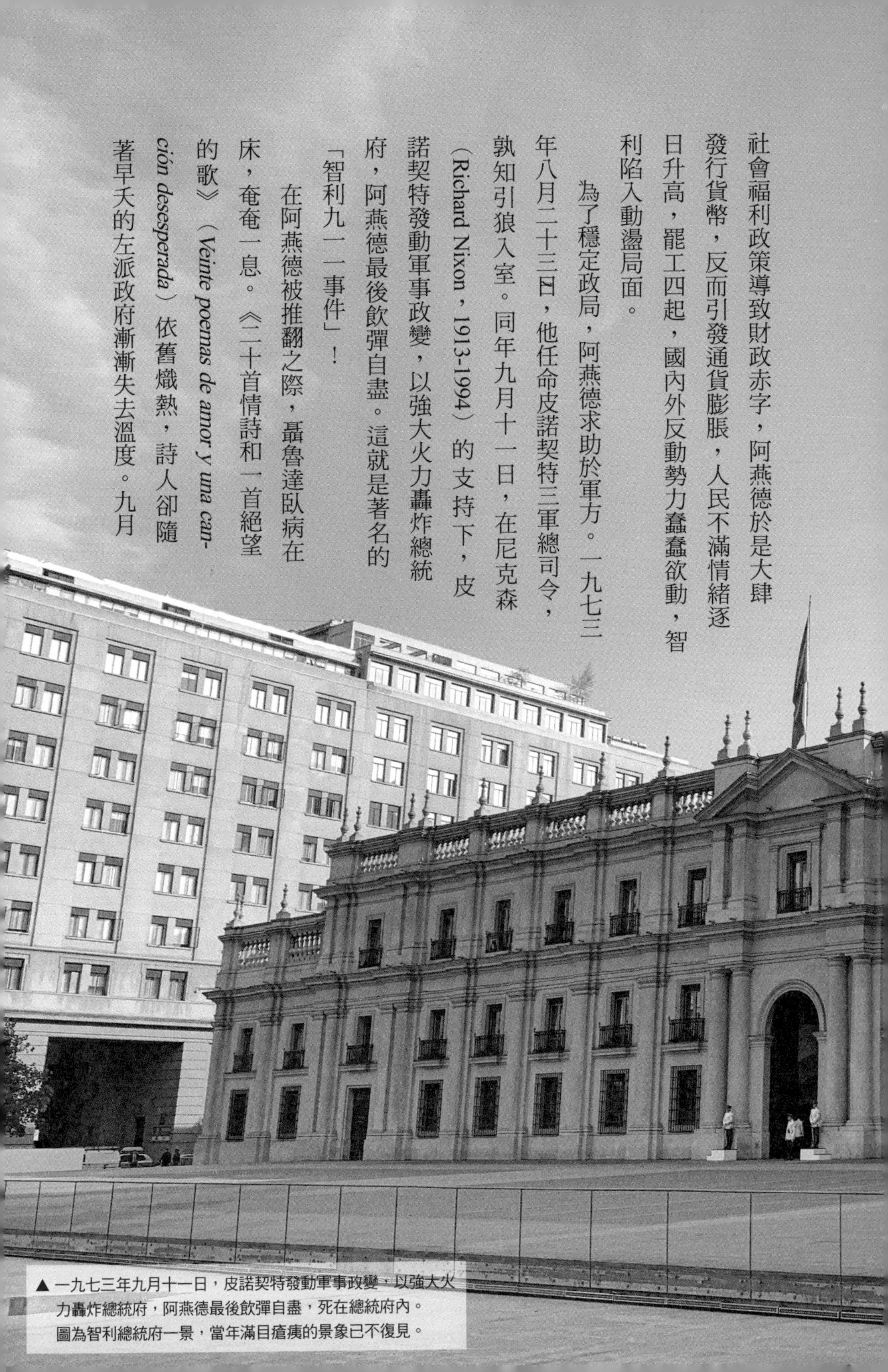

▲ 一九七三年九月十一日，皮諾契特發動軍事政變，以強大火力轟炸總統府，阿燕德最後飲彈自盡，死在總統府內。圖為智利總統府一景，當年滿目瘡痍的景象已不復見。

▲ 智利一家酒館的牆上掛著一幅三位左派人士的畫像，三位分別是：阿燕德、聶魯達、維特．哈拉（Víctor Jara，1932-1973）。維特．哈拉是教師、戲劇導演、詩人、歌手，他在一九七三年的政變中遭軍方逮捕，在飽受酷刑後被殺害。

二十三日，聶魯達病逝，群眾在他的葬禮上，不斷高喊：「阿燕德萬歲！聶魯達萬歲！」似乎弔唁左派政府。在混亂中，聶魯達位於聖地牙哥的住家遭人闖入，許多書籍文件被毀。

政變後，皮諾契特建立右翼軍政府。美國以反共為由，在當時國務卿季辛吉（Henry Kissinger，1923-）的策劃下，與阿根廷、玻利維亞、巴西、智利、烏拉圭、巴拉圭等國軍政府合作，共同執行「禿鷹行動」，互換情資，防範左派勢力死灰復燃。皮諾契特藉此實施恐怖軍事獨裁，殘害人權。

皮諾契特執政十七年，採用新自由主義經濟政策，智利經濟蓬勃發展；然而，遭迫害的異己及無辜百姓約三萬五千人。據統計，二萬八千多人受到酷刑，三千餘人被殺，逾千人失蹤；其中不乏居住在智利的西班牙人。另外，二十萬人選擇流亡。

智利孕育出密斯特拉（Gabriela Mistral，1889-1957）、聶魯達兩位諾貝爾文學獎得主，其文化水準相當高。文壇後起之秀不避諱國家歷史傷痕，以冷靜筆觸寫下一列作品，字裡行間勾勒出政變、酷刑、屠殺、宵禁、流亡等氛圍。羅伯特・安布埃羅（Roberto Ampuero，1953-）即為其中一例，他在《聶魯達的情人》（*El caso Neruda*）裡如此寫道：

> 夜色越深，槍聲、喝令聲、滿載俘虜的卡車隆隆聲越來越響。他難以成眠。擔心員警會闖進房間。

一九九〇年，智利回歸民主制度，皮諾契特雖然交出政權，但依舊保有參議員職位。一九九八年，皮諾契特赴英國就醫；期間，西班牙政府趁機將他軟禁在英國，並試圖引渡至西班牙審判。二〇〇〇年，英國法院將他遣送回智利。在智利，因新自由主義而獲利者仍支持皮諾契特。被以多項罪名起訴，皮諾契特僅遭居家監禁，並未判刑定讞。二〇〇六年十二月十日，皮諾契特死於世界人權日，歷史的巧合竟然充滿黑色幽默！

失蹤者的母親

一九七六至一九八三年間，阿根廷軍政府實施國家恐怖主義。據統計，遭政府拘捕而失蹤的人口多達三萬人，軍方甚至強行出養失蹤者的子女，造成妻離子散的人倫悲劇。數十年來，一群老母親在每周四繫上白頭巾，聚集於首都布宜諾斯艾利斯的五月廣場，冀望在有生之年找回失蹤的子女。那是一個讓生者、死者都備受煎熬的真實故事！

一九七四年，總統胡安．貝隆（Juan Domingo Perón，1895-1974）[9]在任內病逝，由擔任副手的夫人伊莎貝爾．貝隆（María Estela Martínez de Perón，1931- ）繼任。貝隆一過世，他所創建的貝隆主義即分裂成極右派與激進派，兩派之間的鬥爭日益白熱化，以暴力手段互相殘殺。伊莎貝爾夾在兩者之間，完全無法治理失序的阿根廷。一九七六年，軍方趁亂發動政變，伊莎貝爾遭拘禁長達五年，獲

9 或譯為「胡安．裴隆」。

釋後流亡西班牙。

政變後，陸軍總司令豪爾赫．拉斐爾．魏地拉（Jorge Rafael Videla，1925-2013）自任總統，與南美鄰國共同執行美方提議的「禿鷹行動」，防範左派分子串通。豪爾赫．拉斐爾．魏地拉於是實施國家恐怖主義，藉「國家重建過程」（Proceso de Reorganización Nacional）之名，將肅清行動擴大成所謂的「骯髒戰爭」（Guerra Sucia），恐懼氛圍瀰漫全國，留下最齷齪的汙點。

「骯髒戰爭」恣意逮捕異議人士，其中以貝隆主義者居多。異議人士一旦被捕，等於宣告從人間蒸發，遭刑求後會被祕密處決。據統計，遭政府拘捕而失蹤的人口多達三萬人，主要年齡分布於二十至三十五歲之間，以工人、學生、知識分子為大宗。軍方甚至強行出養失蹤者的子女，如此妻離子散的人倫悲劇，發生在一九七六至一九八三年間，堪稱阿根廷史上最血腥的一頁。

▲阿根廷總統克里斯蒂娜．費南德茲對於司法的判決表示遺憾，也以母親的角色關懷這群老母親。

一九七七年四月三十日，十四位母親為了找尋失蹤的子女，聚集於首都布宜諾斯艾利斯的五月廣場（Plaza de Mayo），要求軍政府公布失蹤者的下落。起初，有幾位母親因此遭遇不測，但不畏強權，更多母親挺身而出，持續抗議軍政府。處於絕望的年代，母愛依然偉大，那令人心痛的吶喊從五月廣場漸漸傳播至國際，彷彿昭告

▲從一九七七年起，一到了週四，一群老母親繫上白頭巾，聚集於首都布宜諾斯艾利斯的五月廣場，冀望在有生之年找回失蹤的子女，以及從未謀面的孫子。老母親的心願被世界各地媒體披露，圖為墨西哥《前進》（*Proceso*）雜誌於二〇〇八年批評阿根廷釋放十一名犯下違反人權的軍人。

天下，溫柔的懷抱永遠為失蹤的孩子留下位置。

一九八一年，豪爾赫．拉斐爾．魏地拉以健康為由卸下總統。爾後，軍政府逐漸壓抑不住民怨，搖搖欲墜，但仍不願交出權力，天真以為占領英屬福克蘭群島或許可轉移民怨焦點，孰知此舉引發英國的武力反擊，阿根廷不幸戰敗，軍政府在內外壓力下垮臺，結束八年的黑暗期（1976-1983）。民選總統勞爾．阿方辛（Raúl Ricardo Alfonsín，1927-2009）上臺後，成立人權法庭，審判犯下侵害人權的軍警，受審者包括五位前任的軍人總統，「骯髒戰爭」的齷齪檔案因而曝光。

曾幾何時，「失蹤者」（los desaparecidos）竟然成為一個教人心痛的專有名詞！失蹤者早已化為沒有墓碑的幽魂，在死去之前受盡凌虐。被強行出養的孩童，遭清空了記憶，也成為另一批失蹤者，散居各處。倖存者上窮碧落下黃泉，不斷找尋失蹤親友的幻影，直到癲狂也不願放棄。不必諱言，「骯髒戰爭」乃不堪回首的歷史創傷，蠹蝕著阿根廷社會，不少人過著行屍走肉般的生活，寧願患了失憶症，將自己鎖在心牢裡，不願面對現實。

自一九八〇年以降，阿根廷作家紛紛以「骯髒戰爭」為題材，雖然切入角度各有特色，卻不約而同融入電影手法，寫下一系列頗具似真性的作品。普易（Manuel Puig，1932-1990）為《蜘蛛女之吻》（*El beso de la mujer araña*）披上情色外衣，將場景停格於陰暗的牢房內，描寫失蹤者如何面對酷刑與死亡。艾莎．奧索莉歐（Elsa Osorio，1952-）在《我的名字是光》（*A veinte años, Luz*）裡，以母性光輝為主軸，描寫一名被強行出養出的女人，花了二十年才解開身世之謎，重建時代悲劇。至於《父親的靈魂在雨中飄升》（*El espíritu de mis padres sigue subiendo en la lluvia*），帕德里西歐．普隆（Patricio Pron，1975-）藉主人翁的病態、矛盾、荒謬和噩夢，凸顯離散情緒，並投射出阿根廷的抑鬱靈魂。

軍政府的主事者及其同謀一一受審判，然而，審判程序冗長，仍有無數的失蹤者下落不明。至今，老母親步履蹣跚，每周四依舊繫上白頭巾，聚集於五月廣場，冀望在有生之年找回失蹤的子女。那是一個讓生者、死者都備受煎熬的真實故事！

烏拉圭：南美洲的「瑞士」

烏拉圭的國土起伏不大，歷史卻相當崎嶇！一九七三年六月二十六日，烏拉圭度過史上最長的一夜。隔天軍事獨裁誕生，加入美國的「禿鷹行動」，大肆逮捕共產黨員、工會領袖、異議分子，南美洲的「瑞士」瞬間變成一座大型的監獄，恐懼令國民噤若寒蟬。

烏拉圭位於南美洲東南部，東北與巴西接壤，東南瀕臨大西洋，西邊以烏拉圭河（Río Uruguay）、拉布拉他河與阿根廷為界。據信，當年麥哲倫的船隊在大西洋探險時，一名水手在茫茫大海中彷彿瞥見遠方山巒，而脫口說出：「我看見山了！」（Monte-vide-eu）這就是烏拉圭首都蒙得維的亞（Montevideo）的由來。事實上，蒙得維的亞一片平坦，甚至烏拉圭全境也僅有零星山丘，海拔介於三百公尺之間，有利於農業和畜牧業。

國土起伏不大，歷史卻相當崎嶇！

在十九世紀以前，烏拉圭一直被當成西班牙殖民地與葡萄牙殖民地之間的緩衝帶，有「東岸地帶」（Banda Oriental）之稱。一八一一年，何塞·阿蒂加斯（José Artigas，1764-1850）率領一群奴隸、高卓人、印地安人展開獨立運動，並於一八一五年將寡頭的土地分給村民，被稱為美洲第一次土地改革。不過，阿蒂加斯的社會福利並沒維持太久，他終究被擊敗而遠走他鄉，死於流亡，被分配出去的土地又再度回歸寡頭手中。

一八二八年，烏拉圭正式獨立。處於阿根廷與巴西之間，烏拉圭飽受兩國的軍事威脅，卻藉地緣之便，與兩國合作，發動「三國同盟戰爭」（La Guerra de la Triple Alianza），一同對付巴拉圭，而結束大國的干預，並走入和平時期。雖然不乏政黨惡鬥與獨裁統治，但與鄰國相較之下，烏拉圭頗為穩定繁榮，素有「南美瑞士」之稱。

一九六〇年代，烏拉圭經濟日益惡化，左派組織「圖帕馬羅斯國家解放運動」崛起，並受到古巴大革命的鼓舞，意圖以游擊戰奪取政權，政府於是實施戒嚴，發動軍隊鎮壓。「圖帕馬羅斯國家解放運動」於一九七二年式微，烏拉圭政府也因長年倚賴軍隊而自食惡果，於翌年遭軍事政變。

一九七三年六月二十六日，烏拉圭度過史上最長的一夜。隔天軍事獨裁誕生，加入美國的「禿鷹行動」，大肆逮捕共產黨員、工會領袖、異議分子，南美洲的瑞士瞬間變成一座大型的監獄，恐懼令國民噤若寒蟬。一如阿根廷、玻利維亞、巴西、智利、巴拉圭等國，許多烏拉圭人失蹤，不少遭拘捕的懷孕婦女在生下小孩後，即被殺害，出生嬰兒則被出養。據一九七九年的統計，當時全國總人口約三百一十萬，每五十個烏拉圭人就有一人曾遭監禁，流亡國外的人口占總人口的十分之一。作家愛德華多・加萊亞諾也有相同的遭遇，爾後，他以冷冷的筆觸，寫下軍政府侵害人權的情形，字裡行間沒有報復式的批判。他說：

烏拉圭有一座名為「自由」（Penal de Libertad）的監獄，裡面的政治犯未經允許，不准說話、微笑、唱歌、吹口哨、與其他獄友打招呼，甚至不許畫圖。親友送來的圖畫，不能有鳥兒、情人、蝴蝶、星星、懷孕婦女之類的圖案。因為這些圖案分別代表希望、愛情、自由、光明與生命。一個五歲小女孩帶著自己的畫到監獄探視父親，但因畫中有小鳥而被撕毀。第二次探監，小女孩畫了一棵茂盛的大樹，樹上有五顏六色的小圓圈，這回圖畫順利通過檢查；當父親問她小圓圈是什麼，她悄悄地說，那些是眼睛，是她偷偷為父親帶來的鳥兒眼睛！

這就是南美洲所共同經歷過的悲慘歷史。烏拉圭遭壓抑許久的民主，終於在一九八三年掀起浪潮，四十萬人不畏強權走上街頭，工會也舉行大罷工。軍政府財政長期因軍隊開銷而入超，經濟陷入嚴重危機，在種種壓力下只好讓步。

一九八四年十一月，烏拉圭舉行自一九七一年以來的第一次總統大選，桑基內第（Julio María Sanguinetti，1936-）當選總統，結束軍事獨裁。

回歸民主後，總統桑基內第提倡「和平改革」路線，主張建立一個「民族諒解」、「全國團結」的政府；換言之，不追究軍政府時期軍警人員所犯下侵犯人權的罪行，而於一九八六年提出特赦法，並直接交由國會通過。根據烏拉圭憲法規定，只要有五十五萬人、或百分之二十五以上的登記選民簽名，即可舉行公投。對於特赦案，有六十三萬四千名烏拉圭人集體簽名提議駁回，政府而於一九八九年四月十六日針對是否執行特赦進行全國性公投。公投結果以百分之五十八對百分之四十二，未能推翻特赦法。

聯合國大會訂定六月二十六日為反酷刑日，聲援遭酷刑的受害者，撫慰了那些無論身體、抑或心靈受盡折磨的人。烏拉圭社會在終結獨裁政權後努力轉型，以寬恕之心面對過去，走出孤寂的迷宮。

▲監獄是囚禁罪犯的地方，位於烏拉圭首都的這座監獄名為「自由」，頗具諷刺意味。

一場古巴大革命改變了古巴命運，一個古巴強人意外造成美、古交惡。古巴於是利用其戰略位置及美蘇對峙情勢，投靠蘇聯，拉攏中共，藉外交槓桿而贏得「反美」典範，卻換來逾半世紀的禁運。古巴迷人之處在於，陷入禁運困境依舊矜持，宛如神祕女郎，令人想一親芳澤。

5. Chapter
古巴與禁運

古巴：一隻長長的綠鱷魚

古巴是加勒比海明珠，亦為開啟美洲大陸之門鑰；是神祕女郎，也是紅色閃電。然而，古巴人喜歡稱自己的國家為「一隻長長的綠鱷魚」。美、古好不容易於二〇一四年十二月十七日破冰，美國卻宣稱，古巴以聲波攻擊美國駐古巴外交官，而呼籲其國民勿前往古巴旅遊，一向對觀光客友善的古巴，難道是一隻會咬人的鱷魚？

近來北韓頻頻挑釁，數度令川普撂下狠話，為東北亞緊張局勢加溫；然而，無論是北韓、抑或伊朗，世界上很少有一個國家如古巴一般，讓美國又愛又恨。在國際社會裡，古巴到底被視為什麼樣的國家？神祕女郎？紅色閃電？在西班牙殖民時期，古巴被譽為加勒比海明珠，亦被封為開啟美洲大陸之門鑰。的確，橫亙在南北美洲之間，又是安地列斯群島中最大的島嶼，古巴兼具軍事戰略地位和商業利益樞紐。

那麼，古巴人又如何稱自己的島嶼呢？依其地形樣貌，古巴詩人尼可拉斯．奇彥（Nicolás

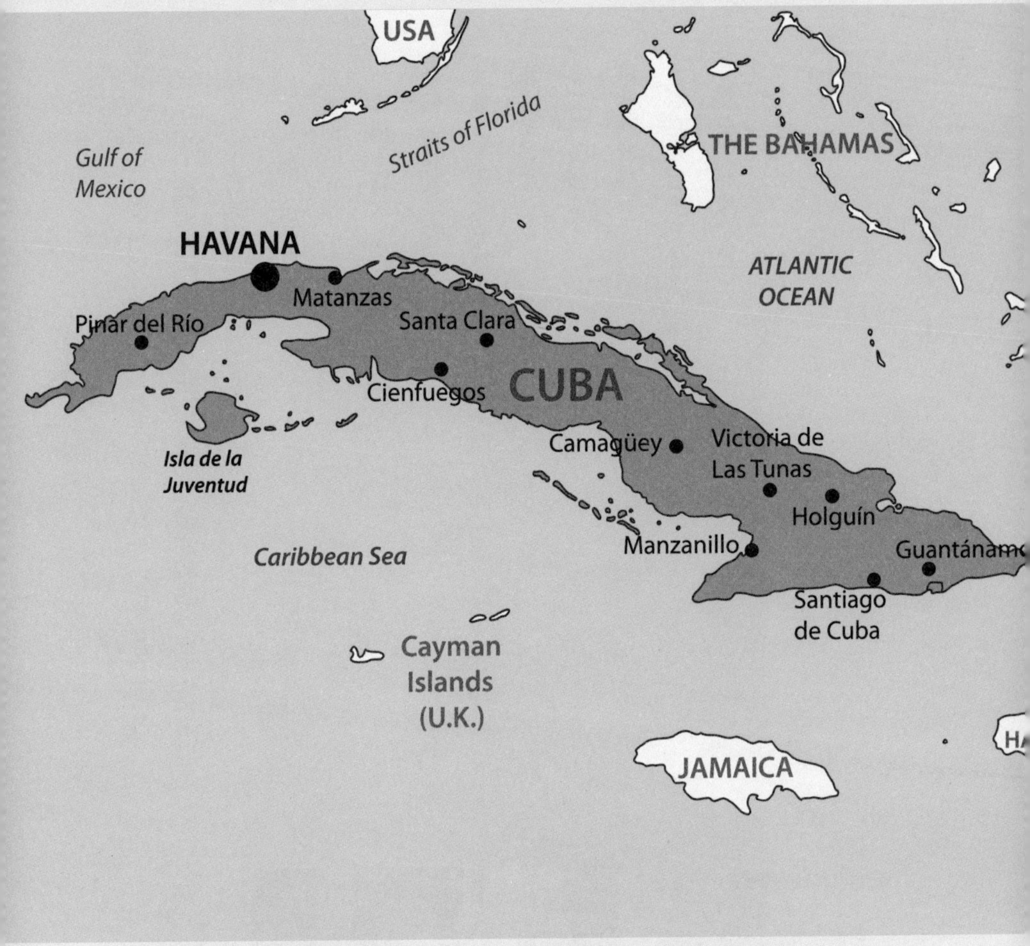

▲古巴島的形狀頗似一隻鱷魚，詩人尼可拉斯・奇彥即稱古巴為「一隻長長的綠鱷魚」。

Guillén，1902-1989）以〈一隻長長的綠鱷魚〉（un largo lagarto verde）為題，描寫古巴的地緣政治，在列強的覬覦之下，古巴這隻鱷魚，也會伸出爪子示威：

安地列斯之海
（又稱加勒比海）
激起洶湧的浪花
並妝點著柔軟泡沫，
在烈日當空
與強風橫掃下，
以熱淚歌唱
古巴在地圖上航行：
一隻長長的綠鱷魚，
有寶石與水汪汪的眼睛。
／……／

▶ 古巴因禁運而物質十分匱乏，樂觀的古巴人展現手藝，利用廢物拼湊出載客三輪車，也讓一部部古董老爺車動起來。

▲ 在今日的哈瓦那街頭一部部古董老爺車爭奇鬥艷，坐上古董老爺車彷彿回到革命前夕紙醉金迷的年代。

尼可拉斯．奇彥，被視為拉丁美洲最傑出的詩人之一，他大量運用古巴通俗詞彙，以戲謔手法談論嚴肅議題，也善於模仿鼓聲而自創詞彙，在文壇獨樹一幟。他有強烈的共產主義色彩，因此受到政治迫害，多次被捕入獄；此外，他還是一九五九年古巴大革命的重要幕後推手之一。〈一隻長長的綠鱷魚〉創作於革命之前，一發表即得到很高的評價，那對古巴貼切的描寫令人莞爾，引起各界共嗚。

古巴原生種爬蟲類多達一百六十七種，其中蜥蜴占一百一十八種，鱷魚則有三種。古巴蜥蜴體型偏大，文獻紀錄中最大者從鼻尖到尾端長達一百六十公分。尼可拉斯·奇彥詩中的原文雖用「蜥蜴」（lagarto）一字，其實是指「鱷魚」，暗喻古巴面對困境有反敗為勝的力量，正如他的另一首詩，形容古巴是「一隻沉入河裡的綠鱷魚」。根據美洲原住民信仰，在混沌初開之際，一隻鱷魚浮出水面形成大地，人類因而得以在鱷魚的背脊上安身立命，因此，鱷魚象徵生命之始，具有創造與毀滅的意象。

無論蜥蜴、抑或鱷魚，因地利之便，美國黑手黨犯罪組織家族看上了古巴，自一九三三年起，隨著巴蒂斯塔掌權而滲透，哈瓦那於是瀰漫著紙醉金迷氛圍，國家大飯店（Hotel Nacional de Cuba）在一九四〇年代附設賭場，加上夜總會、美酒、雪茄、明星、政商名流，儼然名副其實的聲色場所。一九六〇年代，國家大飯店見證了卡斯楚的社會主義改革，從浮華走入典雅，依舊是各國觀光客的首選。國家大飯店矗立於一座小丘，離防波堤大道不遠，也鄰近美國大使館。在殖民時期，這座小丘部署火砲防範海盜入侵，如今這些火砲成為國家大飯店戶外設施的一部分，開放參觀。一九八二年，火砲、國家大飯店與哈瓦那老城區，被聯合國教科文組織列入人類文化遺產名錄。

卡布里大飯店（Hotel Capri）係另一家美國觀光客最常投宿之處，由美國黑手黨工會組織所投資，於一九五七年盛大開幕。「卡布里」即取自義大利那不勒斯灣南部的卡布里島。在革命前夕，許多美國人在此買醉尋歡，糜爛、腐敗與激情終究在一九五九年畫下句點。

冷戰期間，一張大網牢牢套住古巴這隻綠鱷魚，尤其「古巴飛彈危機」之後，美國顛覆卡斯楚政權走入地下，古巴飽受對手不斷引爆炸彈的恐怖攻擊。一九九七年四月至九月期間，多起爆炸案發生在觀光飯店，導致多人受傷，以及一名義大利觀光客身亡。毋庸置疑，對手有意引起恐慌，打擊古巴的觀光業。其中兩起同時發生在一九九七年七月十二日；首先，中午十一時二十五分，卡布里大飯店遭引爆炸彈，所幸無人傷亡；十分鐘之後，國家大飯店也發生爆炸案，但多人受傷。

尼可拉斯．奇彥在革命前夕寫的詩，不僅描寫遭殖民與被剝削的古巴，似乎也預言了爾後的美、古關係：

在海邊，
你小心戒備，
請注意，海的看守人，
注意長矛的尖頭
與波浪的雷聲
與火焰的喊叫
與甦醒的鱷魚
從地圖伸出爪子：

一隻長長的綠鱷魚，

有寶石與水汪汪的眼睛。

美、古好不容易於二〇一四年十二月十七日冰釋前嫌，現又因神祕的聲波攻擊而出現變化。雖然許多美國旅遊業者表示，赴古巴觀光行程暫時不會停止；但是，美國政府持續呼籲其公民勿赴古巴旅行，以免健康受損，甚至直接表明美國外交官係在國家大飯店與卡布里大飯店遭受聲波攻擊，因此警告別下榻在這兩家飯店。走筆至此，突然覺得歷史在時間的巨輪中不斷重複，只是物換星移，炸彈攻擊變成聲波，苦主從古巴變為美國！難道，古巴真從一隻沉入河裡的綠鱷魚，變成會咬人的鱷魚？

美、古之間的恩怨

自卡斯楚掌權以來，國際社會普遍不看好古巴，以「卡斯楚的末路」、「失敗的社會主義」、「古巴何去何從」之類的用詞，來評論美、古之間的恩怨。其實，古巴儼然一位神祕女郎，舉手投足間流露挑逗意味，令人怦然心動，卻令國際政治觀察家難以捉摸。冰凍超過半世紀，美、古關係終於破冰，然而，神祕女郎依舊如迷霧一般。

美、古之間的恩怨，可追溯自殖民時期。一七六二年，英國趁虛而入，占領古巴西部有十一個月之久，逼得西班牙以佛羅里達為條件，向英國換回古巴。由於英國實施食糖稅法（Sugar Act），影響了古巴與北美十三州之間的蔗糖貿易，因此當北美十三州展開獨立運動，古巴蔗糖業主提供軍火，暗助起義行動。美國獨立後，虎視眈眈，從佛羅里達窺探古巴的一舉一動，甚至一度有意向西班牙購買古巴，以擴大南方農業版圖與蓄奴規模，但遭美國北方反奴人士抗議而作罷。

一八九八年，古巴點燃第二次獨立運動，美國政府派遣緬因（Maine）號軍艦赴古巴觀察戰況；

孰知，緬因號突然在哈瓦那外海爆炸起火，艦上二百六十八名美國官兵全數罹難。根據失事鑑定，這場悲劇肇因於機房爆炸，美國卻一口咬定緬因號係遭西班牙魚雷襲擊，藉故向西班牙宣戰。西班牙不敵投降，透過巴黎條約（Tratado de Paris），拱手將古巴讓給美國，同時割讓波多黎各、關島、菲律賓。

美國終於有機會托管古巴三年，雙方並簽定「柏拉特修正案」（Enmienda Platt），致使美國得以永久租借古巴第三大港關塔那摩（Guantánamo），建立一個占地七十八平方公里、海域三十九平方公里的軍事基地。二〇〇一年，美國宣稱基於反恐戰爭的軍事需要，而將國際恐怖分子監禁於此。美、古對關塔那摩歸還與否爭議不休，卻因美國虐囚事件，而讓關塔那摩惡名昭彰。

一九五六年十一月二十五日，卡斯楚率領一支「大鬍子」（barbudos）游擊隊，登上葛拉瑪（Granma）號汽艇，由墨西哥返回古巴進行大革命。一九五九年一月一日，「大鬍子」游擊隊成功解放古巴。革命勝利之初，美、古尚未交惡，卡斯楚還曾率團赴美訪問；但是，卡斯楚在訪美期間並未受到美方重視，或許彼時已悄悄種下惡因。為了改善古巴經濟，卡斯楚進行社會改革和國有化政策，意外改寫古巴歷史，更是徹底顛覆古巴，同時動及了美國利益。

一九六〇年五月，美國宣布停止購買古巴的蔗糖，不再提供古巴原油及一切經濟援助，禁止美國企業及其海外分公司出售食品、藥品、機械設備及零件等給古巴，對古巴實施全面的貿易禁運。一九六一年一月，美、古斷交；同年四月，美國策動一支反革命部隊，意圖推翻卡楚斯，卻不幸敗北，令美國政府臉上無光，史稱「豬玀灣事件」。一九六二年，美、古劍拔弩張，而發生了眾所矚目的「古巴飛彈危機」。一九六四年，在美國的運作下，拉美國家陸續與古巴斷交。

卡斯楚有高傲不屈的人格特質，他不僅不受威脅，反而持續進行社會改革。為了對抗美國，卡斯楚適時投靠蘇聯，拉攏中國。社會改革亦動及古巴既得利益者和資產階級，而引發四次逃亡潮，近百萬人流亡美國。逃亡潮反而減低改革阻力，在人人平等的原則下，卡斯楚政府落實教育、醫療、農業、土地、社會福利等各項改革，嘉惠了廣大貧民階級。

為了推翻卡斯楚，美國無

▲ 為了推翻卡斯楚政權，美國支持反革命勢力入侵古巴，面對強鄰大軍壓境，卡斯楚親上戰場，在七十二小時之內擊退反革命部隊，史稱「豬玀灣事件」。圖中的坦克車即為卡斯楚所搭乘。

所不為，策劃多起暗殺行動，造成古巴人傷亡慘烈。根據古巴官方統計，自卡斯楚掌權以來，超過五十架古巴飛機遭劫，約三千五百名古巴人殞落，投擲在古巴土地的砲彈不計其數。以一九七六年十月六日的古巴飛機爆炸案最為駭人，機上七十三名人員全數罹難，其中古巴人有五十七名。至於卡斯楚本人，當然是美國中情局最想殲滅的對象，但他卻躲過了六百三十八次的暗殺行動，令卡斯楚傳奇又添一樁。

在冷戰時期，有蘇聯撐腰，古巴得以全力對抗美國，成為反美典範。再者，古巴的社會改革成效，有目共睹，被拉美左派分子視為榜樣。於是，古巴大方傳承革命成功經驗，而有所謂的「革命輸出」，鼓舞了他國游擊隊。

自美、古交惡以來，國際社會普遍不看好古巴，以「卡斯楚的末路」、「失敗的社會主義」、「古巴何去何從」之類的用詞，來評論雙方的角力賽。其實，古巴儼然一位神祕女郎，舉手投足間流露挑逗意味，令人怦然心動，卻令國際政治觀察家難以捉摸。

美、古之間的角力

二〇一六年三月二十一日，歐巴馬總統赴古巴進行歷史性訪問，同時，美國職棒大聯盟與古巴國家代表隊進行友誼賽。那麼，這場政治豪賭準備攤牌了嗎？在美國國會解除對古巴禁運之前，美、古關係正常化仍有一步之遙！不必藉市場行銷，光是這段美、古之間的恩怨，以及棒球、音樂、雪茄、蘭姆酒的魅力，紅色閃電早已席捲全球。

美、古雙方早於一九七七年互設利益局（Interests Sections），顯然美國早有意與古巴重啟各項交流。只是，礙於古裔美人的影響力，仍然持續對古巴實施禁運。

長久以來，美國對拉美外交政策的重點並非古巴，而是墨西哥、委內瑞拉、智利、阿根廷、巴西等大國。美國認為只要持續對古巴實施禁運，這個彈丸小國應該撐不了多久。古巴卻無懼於禁運，以傲人的醫療水準做為籌碼，與拉美和非洲國家重建關係。

蘇聯解體後，古巴一度孤立無援。此外，在古裔美人的運作下，美國國會通過了一九九二年的「古巴民主法」（Torricelli Law/Cuban Democracy Act）與一九九六年的「赫爾姆斯－伯頓法」（Helms-Burton Act/Cuban Liberty and Democratic Solidarity Act），除了持續加強美國對古巴經濟制裁外，亦使美、古關係正常化更加困難。

古巴的威力實在不容小覷，她曾當選聯合國安理會非常任理事國，也加入加勒比海國家協會、世界貿易組織等，更重返美洲國家組織。二十一世紀初，拉美左派勢力紛紛執政，委內瑞拉的查維茲、阿根廷的基希納（Néstor Carlos Kirchner，1950-2010）與巴西的魯拉（Luiz Inácio Lula da Silva，1945-）曾為卡斯楚的重要盟友，周旋在南美大國之中，古巴相當風光。

「無社會主義，毋寧死！」卡斯楚的呼籲言猶在耳，然而，歲月不饒人，老革命家的理想終究不敵時代潮流！勞爾．卡斯楚於二〇〇八年接班後，極力推動自由經濟，但一個老人政權能有多少創意呢？國營企業裁員百萬人、國有民營化、配給福利減縮、住宅私有化……勞爾．卡斯楚的種種政策無不向資本主義看齊，不禁令人時空錯亂，彷彿回到一九五九年以前的古巴。

古巴有一具變形的資本主義軀殼，披著褪色的社會主義外衣；或者，儼如哈瓦那街上的古董車，外表炫目，引擎卻老舊不堪。人民平均月薪約二十美元，生活水準如何與國際接軌？不必諱言，古巴人早已練就了凡事自己解決的本領。在這間紅色資本主義的實驗室裡，古巴人煞有介事的玩起資本主義遊戲，任何東西皆可當成商品，再再凸顯古巴人苦中作樂的天性。

在古巴決定走向社會主義國家之際，天主教教會對此表明反對立場，令卡斯楚相當不悅，而禁止所有天主教活動，將教會財產收歸國營，驅逐外籍神職人員，下放古巴籍神職人員。數年後，隨著開放腳步，卡斯楚兄弟的無神論動搖了，不再堅持穿著戎裝，也與梵諦岡重修舊好。若望．保祿二世（Juan Pablo II，1920-2005）、本篤十六世（Benedicto XVI，1927-）先後到訪，找回古巴天主教徒失落多年的信仰，甚至在現任教宗方濟各（Francisco，1936-）的斡旋下，美、古復交露出曙光。

▲ 公共電話已逐漸走入歷史，但至今在哈瓦那街頭仍可見到民眾使用公共電話。

▼ 時下的古巴年輕人也善用網路、擁有智慧型手機，但手機費用高，再加上無線網路普及率不高，公共電話仍是外出時最好的聯絡工具。此張照片攝於二〇一七年，哈瓦那街頭的公共電話使用率頗高。

二〇一四年十二月十七日，以人權為前提，美、古決定互換間諜俘虜，並恢復外交關係。交惡逾半世紀，美、古關係終於破冰。自此，兩國關係開啟新頁，備受矚目。二〇一五年四月十四日，美國將古巴從「支持恐怖主義」國家名單除名。二〇一五年七月二十日，睽違了五十四年後，古巴得以在駐華盛頓大使館升起國旗；同時，美國利益局也升格為大使館，而美國國旗則於八月十四日再度飄揚古巴。二〇一五年九月十九日，教宗方濟各赴古巴進行四天訪問，接著從古巴轉往美國訪問，教宗如此安排行程，可說用心良苦。二〇一六年二月十二日，羅馬天主教與俄國東正教分裂千年後，雙方宗教領袖藉各自的出訪行程，首次於古巴聚首。千年恩怨終有化解的一天，更何況美、古之間。

諸多突破頗具戲劇性，再加上通郵、通航、觀光、人員互訪、運動與文化交流等議題，令人目不暇給。卡斯楚兄弟已經對抗了十一位美國總統，在老革命家凋零之前，雙方確實該放下恩怨！二〇一六年三月二十一日，歐巴馬總統赴古巴進行歷史性訪問，同時，美國職棒大聯盟與古巴國家代表隊進行友誼賽。那麼，這場政治豪賭準備攤牌了嗎？

在美國國會解除對古巴禁運之前，美、古關係正常化仍有一步之遙！徘徊在獨裁與民主的交叉口，古巴依然故作姿態，令政治觀察家預測頻頻失準。古巴未來會如何？沒人知道。勞爾．卡斯楚在二〇一八年交棒後，古巴是否會褪去社會主義？短期間看不出任何改變。不必藉市場行銷，光是這段美、古之間的恩怨，以及棒球、音樂、雪茄、蘭姆酒的魅力，紅色閃電早已席捲全球。

革命、人權與禁運

卡斯楚在世時，每提到人權議題，總是相當自豪。他表示，聯合國人權事務委員會一年一度在日內瓦舉行的會議上，所通過捍衛人權的提案中，有百分之八十是古巴提議。談到革命、人權與禁運，美、古之間的歧見頗大。

古巴一直被視為侵害人權的國家，而這成了美國實施禁運的藉口之一。雷根（Ronald Wilson Reagan，1911-2004）總統曾說過一則卡斯楚的笑話，說卡斯楚在演講時，人群中傳來小販的吆喝，花生、爆米花、好傢伙玉米（Cracker Jack）叫賣聲，三番兩次打斷卡斯楚的演講，終於惹火了卡斯楚，而表示若有人再叫賣，就把他揪出來，再一腳踢到邁阿密去，群眾於是大喊花生、爆米花、好傢伙玉米。這則笑話凸顯美國人對古巴印象根深柢固。

真如外界所言，古巴是人權不彰、支持恐怖主義的國家嗎？

一九七六年所實行的古巴共和國憲法明文規定，古巴是一個工人、農民和其他體力暨腦力勞動者的社會主義國家。的確，在今日的古巴沒有種族歧視，不論膚色、性別、出身、信仰、職業，人人平等，享有相同的教育機會、醫療資源和社會福利。古巴人平均壽命七十八點四五歲，其中女性為八十點四五歲，男性則為七十六點五歲。兒童死亡率低，每千名新生兒中僅有四點三三人死亡。這些數字，一九五九年革命前夕的古巴望塵莫及，與歐美先進國家相較之下也絲毫不遜色。

卡斯楚在世時，每提到人權議題，總是相當自豪。他表示，聯合國人權事務委員會一年一度在日內瓦舉行的會議上，所通過捍衛人權的提案中，有百分之八十是古巴提議。此外，古巴以醫療外交和革命輸出，進行國際人道救援，促成安哥拉獨立、協助衣索比亞抵抗索馬利亞的入侵，安置車諾比核災的受害兒童……醫療外交不必在此贅述，革命輸出卻常被視為支持恐怖主義。

對於美國一味批評古巴殘害政治犯，卡斯楚不以為然，甚至動怒，認為昔日那些遭判刑的反革命分子並非政治犯，而是恐怖分子，至於今日的「異議人士」早就獲釋了。

大革命後，古巴陷入多事之秋。反革命分子不滿卡斯楚的各項改革，在中情局的支持下，策劃了法國籍貨船庫布雷（La Coubre）號爆炸案、「豬玀灣事件」等，並組成兩百九十九個武裝團體，深入內陸叛亂多年。「古巴飛彈危機」落幕後，「鼬鼠行動」（Operación Mangosta）隨之而起，反革命分子改以恐怖主義攻擊行動。在島內，農田、畜牧場等被散播病菌和有毒物質，哈瓦那國家大飯店、卡布利大飯店等觀光飯店則被放置炸彈。在島外，漁船、貨輪、飛機、駐外使館、國營企業海外分公司時而遭受攻擊、時而被引爆炸彈。古巴已受禁運之苦，恐怖主義攻擊行動更是雪上加霜，波及國內

◀ 圖為哈瓦那街頭的學童。卡斯楚落實國民教育，在古巴幾乎沒有文盲。

GALERIA
VICTOR MANUEL
ANTIGUA CASA DE BAÑOS

▲哈瓦那街頭上的卡斯楚肖像及他的革命理念。

產業，造成海內外古巴人傷亡。

為了安定政權，並讓各項改革順利進行，卡斯楚肅清反革命分子，視犯罪情節輕重來定刑罰，輕者收押監禁，重者處以死刑。所謂重者，乃參與恐怖主義攻擊行為，造成百姓死亡、或國家損失。一九五九至一九七一年間，每年均有人遭處決，總計約三千八百人伏法。一九七二年以降並未執行死刑，直到二○○三年四月，三名古巴人挾持船隻，意圖偷渡至邁阿密，遭古巴政府逮捕而被判死刑。

博希（Orlando Bosch Ávila，1926-2011）和波薩達（Luis Posada Carriles，1928-2018）係古巴最想拘拿的「恐怖主義分子」。博希與波薩達皆為古巴人，曾效命於巴蒂斯塔，後來加入中情局，參與「豬玀灣事件」及多起恐怖主義攻擊行動。在此列舉兩案。一九七六年，兩人在一架古巴飛機的行李艙內放置了兩枚炸彈，飛機在巴貝多（Barbados）上空中爆炸，機上七十三人全數罹難。一九九七年四月至九月期間，波薩達策劃哈瓦那、巴拉德羅（Varadero）數家觀光飯店爆炸案，導致一名義大利觀光客不幸身亡。

一九九七年的觀光飯店爆炸後不久，我首次踏上古巴。近來，每年約兩百五十萬名觀光客造訪古巴，美、古破冰後更突破了三百萬人。不遠千里而來的外國觀光客，漫遊大街小巷，不時與制服警察擦身而過，在安全的氛圍中品酌蘭姆酒，隨著莎爾莎（salsa）[10]輕柔的旋律起舞，完全感受不到反革命分子的威脅。

古巴政府為了蒐集波薩達的犯罪證據，派五名情報人員潛入美國。不料，五人於一九九八年遭美國逮捕，古巴視之為「五位英雄」。古巴為了營救五人，不僅年年舉辦國際性會議，也在觀光客聚集之處，張貼拯救海報。二〇一一年十月七日，美方先釋放一人；二〇一四年二月二十七日，美方再釋放第二人；二〇一四年十二月十七日，美方以其他三人，換回監禁在古巴的美國國際開發署包商葛羅斯（Alan Gross，1949-）。

談到革命、人權與禁運，美、古之間的歧見頗大。

10 臺灣譯為騷莎。

革命 vs 反革命

走過危急存亡之秋，古巴政府早已習慣外界的批評，也容忍新世代的叛逆方式！近年，異議團體陸續出現，部落客藉網誌傳遞不滿、挑戰體制。網路無遠弗屆，部落客的抗議在國際上引起迴響，有心人士藉機大作文章，但對小老百姓而言，平安健康才是切身之事。

一九六〇年，古巴政府成立「保衛革命委員會」（Comités de Defensa de la Revolución），以社區為單位，居民彼此監視，以防範反革命分子。凡年滿十四歲以上的居民均可加入委員會，負責觀察社區內的一舉一動。結果，一樓的先生幾點鐘回家、二樓的少年沒去上學、五樓的太太與誰有曖昧……全都被紀錄下來，街坊之間毫無隱私可言。事實上，拉美人天性熱心，總以關心為由窺探鄰居，彼此很難有祕密。不可否認，這個監管單位也有正面功能，例如：協助戶口普查、端正社會風氣、宣導防疫須知、維護環境清潔、進行資源回收等。換言之，「保衛革命委員會」不是犯罪情資蒐集中心，不同於美國聯邦調查局（FBI）或蘇聯國家安全委員會（KGB，克格勃）。

▲ 只要美國駐古巴大使館受理簽證申請，美國大使館旁的公園總是聚集上百位古巴人，等候美簽面試。

◀ 圖為美國大使館附近的一家小雜貨店，裡面販賣飲料、簡餐，甚至也提供寫字檯，方便辦簽證的民眾。

▶ 圖為美國大使館旁的一家諮詢所，提供民眾拍照、填寫表格、網路繳交申請表等服務。

一九六五至一九六八年間，為了杜絕懈怠等惡習，古巴政府以人人必須工作為口號，設置「協助生產軍事單位」（Unidades Militares de Ayuda a la Producción）。所謂協助生產，其實是「強制工作營」，約有二萬五千名年輕人被強制入營。入營理由為：或因到了服役年紀，卻不願入伍；或因在軍中犯錯，而遭退訓；或因好逸惡勞，而四處遊盪；或因同性戀傾向，而不容於社會；或因行徑怪異，被認定必須接受管訓；或為神職人員，在天主教教會關閉後被下放。「協助生產軍事單位」導致七十二人因遭嚴刑拷打而死，一百八十人自殺身亡，五百零七人被送往精神病院治療。

外界常以這些例子批評古巴侵害人權，卡斯楚不以為意，堅持安內攘外，指責美國暗地支持反革命分子，危害古巴國家安全。卡斯楚亦控訴美國一邊封鎖古巴，一邊煽動逃亡潮，是多起逃亡悲劇的凶手。最驚心動魄的一幕發生在一九九四年八、九月間，約三萬名乘桴人（balseros）以簡陋竹筏、木板，甚至輪胎為工具，意圖偷渡至邁阿密，不少人因而魂斷惡海。一九九九年十一月，發生了「埃連事件」，小男孩埃連．岡薩雷斯（Elián González，1993-）隨母親偷渡美國時，母親與十多位同伴不幸溺斃，埃連在美、古的親屬互爭監護權；翌年，埃連被美方強行遣回古巴的畫面引起國際社會嘩然，與卡斯楚在哈瓦那迎接埃連的溫馨場面形成強烈對比。

逾半世紀的禁運對古巴經濟及人民生活影響深鉅，經濟損失高達上千億美元。自一九九二年起，聯合國大會連續多年通過決議案，譴責美國對古巴實施貿易禁運。然而，在一百九十三個成員國中，美國和其盟友以色列總會投下反對票。

▲古巴以擁有高醫療水準而自豪。圖為設在哈瓦那老城區的紅十字會。

▲「保衛革命委員會」以社區為單位，居民彼此監視，其最初目的為防範反革命分子。圖為哈瓦那一個隸屬社區的「保衛革命委員會」，掛牌上的圖案標誌象徵人民革命：人民頭戴草帽、手持砍刀、以國旗為盾牌。

綜觀今日的古巴，有其進步的一面，例如同性戀，早期甚至被送入「強制工作營」，但古巴順應趨勢，於一九七九年合法化，彩虹旗成為古巴最自然的景象。勞爾．卡斯楚的女兒瑪麗拉．卡斯楚（Mariela Castro Espín，1962-）擔任古巴國家性教育中心主任，積極推動 LGBT 權利，包括性別重置手術等。

二〇〇三年，爆發了「黑色春天」（Primavera Negra de Cuba），有七十五位異議人士被捕。這些異議人士的母親、妻子、姐妹、女兒組成了「白衣夫人」（Damas de Blanca）團體，每周日望完彌撒後，就在哈瓦那第五大道遊行。在天主教教會的介入下，再加上獄中異議人士絕食抗議，政府於二〇一〇年陸續釋放這七十五人。雖然親友已重獲自由，「白衣夫人」至今仍持續每周日的例行遊行，抗議古巴缺乏個人自由。

走過危急存亡之秋，古巴政府早已習慣外界的批評，也容忍新世代的叛逆方式！近來，異議團體陸續出現，部落客楊妮．桑切斯（Yoani Sánchez，1975-）藉「Y世代」網誌傳遞不滿、挑戰體制。網路無遠弗屆，楊妮．桑切斯的言論在國際上引起迴響，有心人士藉機大作文章，批評古巴侵害人權。對小老百姓而言，平安健康才是切身之事。古巴懷孕婦女不必自費，可在醫院分娩，受到最完善的醫療照料，異議人士在身體不適時，同樣得到妥善醫治。走筆至此，古巴有無侵害人權，讀者自有定論。

美、古領導人對人權議題針鋒相對，然而，這並非美國實施禁運的關鍵，只是藉口之一。關塔那摩軍事基地歸還與否、古巴因禁運的經濟損失該如何彌補、遭古巴國有化的美國企業是否償還、古裔美人的利益能否要回、雙方通緝犯如何引渡……毋庸置疑，這些問題更為棘手。

美、古關係正常化的一步之遙

美、古破冰後的新局勢，對古巴社會主義政權而言，無疑是轉機、也是挑戰、更是危機。換言之，美、古恢復邦交並不代表兩國關係正常化，兩者不能視為同義詞。的確，美、古關係正常化尚有一步之遙，堪稱最艱鉅的最後一步。

二〇一四年十二月十七日，美、古終於破冰，對峙逾半世紀的政治角力似乎即將落幕，各界無不持樂觀看法。破冰後，雙方重設大使館，重啟各項交流，其中還包括美國總統歐巴馬赴古巴進行歷史性訪問。二〇一六年十月十七日，美國政府宣布解除對古巴的一些限制，例如：美國公民購買古巴雪茄、蘭姆酒的限制，並變更一系列監管政策，藉以擴大兩國的交流項目。

兩國破冰後的新局勢，對古巴社會主義政權而言，無疑是轉機、也是挑戰、更是危機。換言之，美、古恢復邦交並不代表美、古關係正常化，兩者不能視為同義詞。的確，美、古關係正常化尚有一步之遙，而這一步包含了最棘手的四個議題，有待未來的美國總統解決，即：解除對古巴的全面貿易

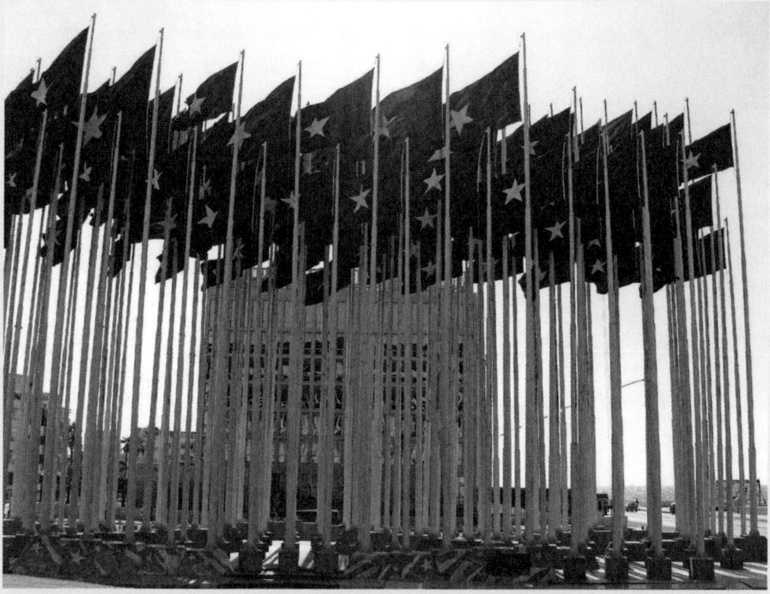

▲ 在美、古劍拔弩張的年代，古巴政府曾故意升起一百三十八面黑旗，黑色旗海幾乎遮住了當時的美國利益局（今日已升格為大使館），無聲抗議美國。

禁運、歸還關塔那摩軍事基地、停止以媒體對古巴進行文化戰、放棄顛覆古巴政權計畫。

美、古關係正常化的阻礙首推禁運議題。自一九六〇年五月起，美國對古巴實施全面貿易禁運，意圖孤立古巴，國際政治觀察家均預測古巴撐不過六個月，沒想到這個彈丸小國，竟然撐了半世紀之久，並贏得國際社會的尊重。雖然古巴因經濟及金融制裁而損失慘重，美國本身也付出相當昂貴的代價。

一九九一年，古巴首次向聯合國大會提案，表決美國是否應終止對古巴禁運。那年，在美國的施壓下，有四十六國缺席，五十九國贊成，七十一國棄權，美國、以色列和羅馬尼亞三國反對。

古巴年年提案，美國和其盟友年年投下反對票。二〇一八年十月二十六日，在聯合國大會的表決案中，全數會員國出席，且高達一百九十一個國家投下贊成票，而美國與以色列首次投下棄權票。

古巴以二十五年的時間換得美國首次在聯合國大會的讓步，然而，美國國會仍握有禁運解除與否的權力，這最後一步尚待努力。相較之下，美國歸還關塔那摩軍事基地一事似乎更加遙遙無期。在美、古復交後，古巴一再宣稱美國非法占據，並以古巴國家主權不容侵犯為由，呼籲歸還

關塔那摩軍事基地，同時也要求美方關閉設於基地內的監獄。美國則有其政治算計，擔心一旦美軍退出關塔那摩之後，俄羅斯將取而代之，因而多次公開表示並無歸還的打算。至於是否關閉關塔那摩監獄，美國國會以「國家安全」為理由，否決歐巴馬的提議，直至歐巴馬的任期屆滿，當初的競選承諾仍然無法兌現。

十月二十日是古巴國家文化日。每年到了這天，古巴總會重申，反對美國利用廣電等各種媒體，對古巴進行「文化戰」，分裂古巴，破壞國家主權與人民團結。長久以來，古巴社會主義改

▼ 圖為美國駐古巴大使館。美國大使館前的廣場有一百三十八根旗竿，那是古巴政府用以嘲弄美國的黑色幽默。另外，廣場上那句「一定會克服萬難」（Venceremos），明確向美國表達古巴的意志。

革得以成功均歸功於文化認同的落實，亦即，文化認同係古巴軍民一心的要素。雖然美、古關係緩和，但美國仍未停止以媒體進行反古巴宣傳，曾令勞爾．卡斯楚相當不悅，而警告說：古巴文化正面臨美國文化入侵與全球化浪潮的雙重威脅。

昔日，美國慣用暗殺或爆炸等方式，意圖推翻卡斯楚政權。今日，儘管歐巴馬曾保證美國不會顛覆古巴政權，古巴仍不認為美國已經放棄顛覆計畫。古巴政府舉例指出，美國編列數百萬美元預算，以「領袖養成計畫」（Programa para la formación de líderes）為號召，提供古巴年輕人獎學金赴美就讀，企圖誘導古巴年輕人背離社會主義。對古巴而言，「領袖養成計畫」儼然昔日的顛覆行動，阻礙了兩國關係正常化。

美、古關係正常化的這四個阻礙，將是未來談判的重點。不過，雙方對民主、自由與人權仍有很大的歧見；再者，一方堅持國家安全與己身利益，而另一方則堅守獨立自主與主權完整。在不願妥協下，談判很難在短時間內達到共識，堪稱美、古關係正常化最艱鉅的最後一步。

紅色實驗室：古巴社會主義的民主化改革

古巴憲法規定，除了精神疾病患者和被褫奪公權的受刑人外，人民凡滿十六歲者，即享有投票權。然而，外界不免以放大鏡來觀察這紅色實驗室內的審議式民意，甚至擴大內部的雜音而強烈抨擊。

選舉是民主國家的大事，古巴奉行社會主義，也有其選舉制度。

一九〇〇年，在美國託管下，美國阿德納·查菲（Adna Romanza Chaffee，1842-1914）將軍簽署古巴選舉法。同年六月，古巴首次舉行選舉，選出全國一百一十個鄉鎮的市長、市議員、法官等職，任期一年。當時的投票限制頗多，女性沒有投票權，即便是男性必須年滿二十一歲以上且識字，並擁有財產價值逾兩萬五千批索者才可投票。排除種種限制，古巴史上的首次選舉，僅約十五萬人有資格投票。

走過獨立建國、獨裁統治、社會主義革命，選舉法也隨之歷經多次修改。一九七六年是古巴最具意義的一年。這一年鞏固了古巴革命，實踐社會主義的各項改革政策，並透過公民討論制定新憲法。同年二月十五日，新憲法交付公民投票，凡年滿十六歲古巴公民均有投票權，占總人口百分之九十八，結果有百分之九十七點六的投票人投下贊成票，新憲法於當年二月二十四日生效。

一九七六年的憲法規定各級人民政權機構組織、行政職責與發展方針。這部憲法也制定古巴選舉制度原則，規定除了精神疾病患者和被褫奪公權的受刑人外，古巴人民凡滿十六歲者即享有投票權，不受強迫，並平等、自由以不記名方式投票，直接選出「市級人民政權代表」。至於「省級人民政權代表」及「全國人民政權代表」則由間接選舉產生。

一九九〇年代，蘇聯解體，歐洲左派勢力式微。一九九二年，美國國會通過「古巴民主法」，意圖以各種手段終結古巴社會主義；包括：更加嚴厲限制美元匯入古巴，制裁與古巴進行貿易的國家，一旦有外國船隻在古巴港口停泊裝卸貨，禁止這些船隻六個月內進入美國港口。少了蘇聯的奧援，古巴陷入空前的危機，「古巴民主法」更讓古巴雪上加霜，許多原料、藥品與食品無法輸入古巴，因此，不少國際政治觀察家以「處於饑餓狀態」形容彼時的古巴人。

為了挽救經濟，同時也為了鞏固政權，並延續社會主義，古巴進行了一系列經濟和政治改革，而進入所謂的轉型期。一九九二年，古巴政府再度修正選舉法，人民不僅可以選出「市級人民政權代表」，也能直選「省級人民政權代表」與「全國人民政權代表」。隔年二月，古巴舉行「省級人民政權代表」與「全國人民政權代表」選舉，分別為以百分之九十九點六七與百分之九十八點七一的高投票率，向全世界展現「古巴革命」的民意基礎。一路走來，古巴頻頻令國際政治觀察家預測失準，不僅再次度過難關，也發揮自我療癒系統，不斷在錯誤中修正社會主義的民主化改革。

至於候選人提名方面，每一個市鎮均分成若干小單位選區，在多數人的同意下，每個選區的選民可自由提出候選人名單。每個選區最多提名八人，最少兩人。候選人不必是共產黨員，也不論性別、種族、出身與宗教信仰。候選人的照片、簡歷與政見張貼於公共布告欄，供選民參考。投票時間為早

▲古巴人天性樂觀，午後常見街坊鄰居聚在一起玩骨牌。

▼這間紅色實驗室並未箝制古巴人的樂天知足，正如這名在公園小憩的古巴人。

上七點至下午六點，選票上列出所有候選人的名字，選民不記名投票。若所有候選人未獲得百分之五十以上的選票，則由得票最多的前兩名進行第二輪投票。

以目前古巴一千一百萬人口計，約八百三十萬人有投票權。古巴共產黨為執政黨，沒有其他政黨

▲在大革命之後，古巴實施社會主義改革，徵收人民多餘的房舍，配給無產階級者，以達到人人都有房屋可以棲身的理想境界。近年古巴逐漸開放自由經濟，街頭也出現房仲業廣告。

票，沒有熱鬧的造勢活動，沒有激情的政見發表，但每次均有超過九成的投票率，古巴的選舉制度不免遭到質疑。以二〇一三年的「全國人民政權代表大會」選舉為例，即出現候選人提名人數與當選席次相同的情形，而被譏諷為鬧劇。

「全國人民政權代表大會」是國家最高權力機關，享有修憲和立法權，設有代表六百一十二席，任期五年，每年舉行兩次會議。「全國人民政權代表大會」選出主席、第一副主席、五名副主席、一名祕書和二十三位委員，共計三十一人組成「國務委員會」，掌理日常行政業務。「國務委員會」主席即國家元首，並擔任部長會議主席，任期以連任一次為限。勞爾．卡斯楚於二〇〇八年及二〇一三年當選「國務委員會」主席，任期至二〇一八年。部長會議為國家最高行政機關，由主席、第一副主席、若干副主席、執行祕書、各部部長和其他人員組成，成員由主席提名經「全國人民政權代表大會」通過後任命。

不論候選人提名、或履行投票義務，每次選舉，古巴總是少不了公民會議、公民論壇等程序，但外界均以放大鏡來觀察這紅色實驗室內的審議式民意，甚至擴大古巴內部的雜音而強烈抨擊。在美國的禁運下，古巴必須在自己的紅色實驗室中進行民主化改革，努力將國家導向正常化。面對全球化浪潮，古巴依舊離不開紅色實驗室，得從中找出社會主義模式現實化的配方，凝聚國家共識。

沒有卡斯楚的古巴

從一八九八至二〇一八年，古巴的現代史可分為親美與反美兩個階段，時間恰好各占一半。在卡斯楚兄弟執政近六十年後，古巴新選出的國家元首不再姓「卡斯楚」，他愛穿牛仔褲、喜歡聽披頭四和滾石樂團的歌、時髦地滑動 iPad，完全顛覆了當年大鬍子游擊隊員的形象。

二〇一八年，勞爾．卡斯楚兌現了他在二〇一三年的承諾，以八十七歲高齡卸下古巴領導人一職。事實上，自二〇一八年初，古巴人已試著習慣沒有「卡斯楚」的古巴。

古巴現代史應可從一八九八年談起，這一年美、西爆發戰爭，西班牙戰敗而將古巴交託給美國，古巴於一九〇二年才正式獨立。在這一百二十年的歷史裡，可分為親美與反美兩個階段，時間恰好各占一半。一九〇二至一九五八年，古巴的政治與經濟全受制於美國，歷經政變、起義、革命等各種風雨，而這段歷史與同期的其他拉美國家沒兩樣。一九五九至二〇一八年，卡斯楚兄弟執政近六十年，樹立反美典範，古巴因而遭美國禁運。

▲ 古巴素有音樂島之美譽，人民在工作之餘喜歡勁歌熱舞，展現隨遇而安的天性。圖為哈瓦那街頭的歌舞表演。

二〇一八年四月十八、十九日，古巴舉行第九屆「全國人民政權代表大會」，由六百零五席議員投票選出國務委員會的新成員，即：主席、第一副主席、五名副主席、一名書記和二十三位委員，共計三十一人。選在這兩天進行如此重大的提名投票，係為了紀念豬玀灣戰爭勝利五十七年週年，尤其十九日的關鍵一役，對古巴而言，極具意義，在迎向嶄新未來之際，怎能忘記昔日在老卡斯楚的率領下，軍民一心擊退美國傭兵部隊的光榮時刻。

勞爾所欽點的狄亞士－卡奈（Miguel Mario Díaz-Canel Bermúdez，1960-）以唯一候選人身分，當選國務委員會主席與部長會議主席，任期至二〇二三年。先前勞爾取消國務委員會主席終身制，改為連選得連任一次，若沒意外，狄亞士－卡奈可擔任古巴元首至二〇二八年；亦即，未來十年古巴國家元首將換上「狄亞士－卡奈」這個姓氏，首次取代「卡斯楚」，帶領古巴邁向新局勢。

狄亞士－卡奈生於一九六〇年四月二十日，係古巴大革命勝利之後才出生，為忠貞的共產黨員，曾任高等教育部部長，更在二〇一三年「全國人民政權代表大會」上脫穎而出，獲選為國務委員會第一副主席兼部長會議第一副主席，一直被視為接班人。由於狄亞士－卡奈十分低調，包括古巴在內，各界對於這位新領導人所知有限。國際媒體喜歡著墨於他的「後來居上」，以及當年還在聖塔克拉拉（Santa Clara）擔任黨委書記時，常騎著腳踏車穿梭街頭，塑造出樸實與親民的形象。加上兩段婚姻、曾在大學任教、愛穿牛仔褲、喜歡聽披頭四和滾石樂團的歌、時髦地滑動 iPad，狄亞士－卡奈顛覆

▲古巴文化水準頗高，出版事業發達。圖為哈瓦那一家書店櫥窗，櫥窗上刻意擺出有關勞爾的書，凸顯古巴社會主義的意識形態。

了大鬍子游擊隊員的形象。

此次國務委員會成員老將與新秀各有，不難看出古巴政壇力圖年輕化。七十三歲的瓦德斯・梅薩（Salvador Antonio Valdés Mesa，1945-）擔任第一副主席，其他另外五個副主席分別是：八十六歲的瓦德斯・緬多沙（Ramiro Valdés Menéndez，1932-）、五十一歲的莫拉雷斯・歐哈達（Roberto Tomas Morales Ojeda，1967-）、七十一歲的葛拉蒂斯・瑪麗亞・貝赫拉諾・波德拉（Gladys María Bejerano Portela，1947-）、五十歲的伊內絲・瑪麗亞・恰曼（Inés María Chapman，1968?-）、四十八歲的碧翠斯・強生・烏魯迪亞（Beatriz Jhonson Urrutia，1970?-）。書記由亞科斯達・亞瓦雷斯（Homero Acosta Álvarez）留任，另外，二十三位委員中有十一張新面孔。

▲ 哈瓦那街頭的水果攤。

勞爾雖卸下元首職務，但仍繼續擔任古巴共產黨總書記直到二〇二一年。古巴共產黨不僅代表國家意識形態，也主導國家施政方針，換言之，勞爾依舊握有相當大的權力。另外，勞爾自己的兒子亞雷漢德羅（Alejandro Castro Espín，1965- ）在內政部擔任要職，負責警政系統，卡氏家族的舊勢力不能小覷。的確，狄亞士－卡奈仍遵循卡斯楚兄弟的風格，而這可從他抨擊古巴異議人士與美國看出端倪，說話口氣彷彿從卡氏語錄照本宣科。

歐巴馬在任內促成美、古破冰，在川普上任後兩國再度陷入僵局，又因神祕聲波攻擊事件，導致美方召回部分外交人員，同時也告誡美國公民別赴古巴旅遊，以免危害健康。根據二〇一七年的統計，赴古巴旅遊的人次達四百七十萬，而其中美國觀光客卻不如預期。古巴在這改革的轉型期，如何修護美、古關係，如何因應委內瑞拉減少對古巴石油供應，如何吸引更多外資以促進經濟發展，是否取消雙貨幣政策……諸多的挑戰正等著狄亞士－卡奈。

預料狄亞士－卡奈並無太大的改革空間，對此流亡邁阿密的古裔美人，語帶諷刺地表示：「換了獨裁者，卻沒換得自由！」無論如何，狄亞士－卡奈已為古巴立下重要里程碑！

藥與毒是一體兩面，兩者之間的界線取決於劑量，然而，在藥與毒的天秤上，人類總是拿捏不準，以致毒的劑量越來越多，直到無法自拔才驚覺事態嚴重，終於承認藥物是「毒品」。毒品對人類社會影響深鉅，並衍生出嗑藥、幫派、犯罪之類的次文化。

6. Chapter

藥物與毒品

古柯：從神聖植物到毒品

安地斯山區原住民嚼食古柯葉的習慣已有五千年之久，利用古柯葉的藥理作用，舒緩高山症的不適，提神，抗饑，治療其他疾病，甚至以古柯葉做為麻藥，進行外科手術。一八六〇年，當科學家成功分離古柯鹼之後，人類開始濫用古柯鹼而戕害身體。

南美洲的安地斯山脈海拔平均四千公尺，係印加等前哥倫布文明的發祥地。最高峰阿空加瓜（Aconcagua）位於阿根廷，海拔達六千九百六十點八公尺。山區出土的古文物中，不乏陶製人偶，有些人偶身上背著小囊袋，一邊臉頰鼓脹，模樣極為生動。原來這些人偶的小囊袋放著古柯葉，嘴裡咀嚼的也是古柯葉。

古柯屬於古柯科，常綠的頑強灌木，原產於祕魯、玻利維亞等地。莖、葉含有生物鹼，為劇毒，但古柯鹼必須經過提煉才會大量釋出。純古柯鹼屬於麻醉劑，會嚴重戕害身體，是一級毒品，各國均嚴禁古柯鹼的非醫療用途。

安地斯山區原住民嚼食古柯葉的習慣已有五千年之久，利用古柯葉的藥理作用，舒緩高山症的不適，提神，抗饑，治療其他疾病，甚至以古柯葉做為麻藥，進行外科手術。因此，前哥倫布文明視古柯為神聖植物。食用方式為直接咀嚼葉子，或飲用熱水沖泡新鮮葉子的古柯茶（mate de coca）。為了有效吸收古柯鹼，在咀嚼時亦可混合一點石灰或成分類似的植物膠。嚼食者身上除了放古柯葉的小囊袋外，也有一個裝有石灰、或植物膠的小瓶，瓶中還有一根小木籤，方便沾取。

古印地安人深信古柯葉具有超能力，係太陽神賜予人類的仙丹妙藥，視之為珍貴的供品和陪葬品，也當成貨幣。古印地安人並瞭解食用古柯葉過量的副作用，在印加帝國時代即規定古柯葉僅用於宗教和醫療。

十六世紀，西班牙征服印加帝國後，曾嚴禁食用古柯葉。西班牙征服者覬覦安地斯山區的銀礦，而強迫印地安人挖礦，無意間發現古柯葉可使礦工承受更多的勞動，於是大量種植古柯，並壟斷古柯葉的買賣，極力鼓吹礦區的印地安人咀嚼古柯葉。印地安人以勞力換得的微薄酬勞，全拿來購買古柯葉，教會還從中抽取十分之一的古柯葉稅。礦工依賴古柯葉耐勞、抗饑，卻無形中戕害身體。

在西班牙殖民時期，古柯葉貿易十分活絡。由於新鮮古柯葉不耐長途海運，運至歐洲後其藥效減弱，科學家開始研究古柯鹼的分離技術。一八六〇年，科學家成功分離出古柯鹼，商人並研發古柯酒、口服錠等相

▲ 圖為祕魯國營企業合法出產的古柯茶，茶包內為乾燥的古柯葉。這類茶包在厄瓜多、哥倫比亞、祕魯、玻利維亞等高原地區極為普遍，有助於舒緩高山症的不適。

關產品，自此，古柯鹼這個可以消除疼痛、提供活力的物質，立刻被視為萬靈丹，風靡一時。

弗洛伊德（Sigmund Freud，1856-1939）本身雪茄鎮日不離手，嘗過古柯鹼之後，就被深深吸引而熱中於古柯鹼的研究，不僅將之運用於精神療法，更大肆宣傳古柯鹼的好處。最有名的例子就是，為了讓好友費歇馬索（Ernst von Fleischl-Marxow，1846-1891）戒掉嗎啡癮，弗洛伊德推薦他使用古柯鹼，最後造成費歇馬索因古柯鹼中毒而喪命。的確，藥與毒一體兩面，全取決於劑量多寡。

不必諱言，古柯鹼的提煉技術成熟後，對醫療貢獻甚多。歐洲商人為了圖利而擴大安地斯山區的種植面積，並將古柯移植至奈及利亞、硫磺島、爪哇等地，全球食用古柯鹼的熱潮直到一九二〇年代才暫時冷卻。亙古以來，人類即沉醉於成癮植物，久久不願清醒，悄悄鋪寫出一部驚天動地的嗑藥史。誠如莎士比亞（William Shakespeare，1564-1616）在《馬克白》（*Macbeth*）裡寫道，唯有一帖甜美的忘憂劑才能洗滌生活中的憂愁和痛苦。古柯鹼的麻醉效果就是那帖令人難以抗拒的忘憂劑！

一九七〇年代，古柯鹼又重新流行，東半球的古柯停產，西半球的安地斯山區成為重要產區。在藥物濫用之下，吸食人口急遽增加，加上古柯鹼的利潤龐大，助長了古柯鹼的非法提煉與販毒走私，成為難以收拾的毒品問題。古柯與毒品於是被畫上等號，祕魯、玻利維亞等安地斯山國家的古柯傳統用途因而蒙上陰影。

事實上，古柯葉與古柯鹼不同。暨今，安地斯山區的原住民仍視古柯為神聖植物，而古柯茶則為普通的傳統飲品。

哥倫比亞：毒梟大本營

得天獨厚，哥倫比亞地大物博，堪稱美洲的綠寶石，卻在一九六〇年以降成為毒梟大本營，大麻、古柯鹼、海洛因等三大毒品全匯集於此。從作物栽種、提煉生產、毒品流通到招募成員，販毒集團組成了一個縝密的網路，其共犯結構上自政府高官，下至平民百姓……

哥倫比亞係南美洲唯一同時瀕臨加勒比海及太平洋的國家，漁業發達。境內安地斯山脈作東北、西南走向貫穿，蘊藏煤、銀、銅、鎳、鐵、鋅、鎢、鉻、石油、黃金、白金、綠寶石等礦產。由於匯集了各種氣候，蔚成複雜的生態系統，極適合發展農業和畜牧業，而獨特的地貌奇觀更有助於推廣觀光業。

得天獨厚，哥倫比亞地大物博，堪稱美洲的綠寶石，為拉丁美洲第三大經濟體。的確，哥倫比亞是個美麗國家，是傳說中的黃金國，是遠近馳名的咖啡王國。自獨立建國以來，哥倫比亞即陷入政爭與內戰的泥淖裡。更為甚者，在一九六〇至一九九〇年間，游擊隊四起，紛擾政局壯大了毒梟，哥倫比亞儼然毒梟大本營，社會充斥著走私、販毒、綁架、暴力、殺戮，被國際社會評比為最危險的國家，重挫觀光業。

美國是毒品最大的消費國之一。一九六〇年代，戰後嬰兒潮出生的孩子已經十七、八歲了，他們不明白父母努力進取的野心，不理解為何要到越南參加一場事不關己的戰爭，開始質疑以物質成就來論斷個人價值的觀念，也關心起種族問題；於是，高喊和平、博愛、幸福，並透過毒品自我瞭解、自我形成、自我體驗。哥倫比亞藉地利之便，供應大麻、鴉片、嗎啡、海洛因、古柯鹼、安非他命等各類毒品。

哥倫比亞在地理上屬安地斯山國家，亦可歸為環加勒比海地區，是南、北美洲的樞紐，戰略地位極佳，無形中被毒梟所利用。自一九六〇年代起，哥倫比亞即是美洲大麻運輸中心；一九七〇至一九八〇年代，古柯鹼再度流行，哥倫比亞因地利優勢而成了古柯鹼運輸中心，導致販毒集團急遽增加，麥德林（Medellín）和卡利（Cali）這兩座城市幾乎被毒梟所盤踞，而有以這兩座城市命名的兩大販毒集團；到了一九九〇年，又成為海洛因運輸中心，三大毒品全匯集於此。據統計，哥倫比亞於一九九五年供應了全球百分之七十至八十的純古柯鹼，同時罌粟花田約兩萬公頃，是鴉片和海洛因的重要生產國。

毒梟經營出數條陸海空走私路線，或經過加勒比海、或取道墨西哥、或以中美洲人煙罕至的海邊為轉運站，毒品流通南、北美洲，也擴及歐洲，甚至流入東亞市場。二次大戰後航空業蓬勃發展，毒梟利用民航飛機，雇用運送員挾帶毒品、或藉行李箱夾層運毒。後來，販毒集團大量改以私家貨車、輪船、飛機為工具，大大提升運輸效率及裝載數量。尤其以私人飛機運毒，風險低，效益高，墨西哥

▲ 哥倫比亞於十九世紀建立民主制度，卻在二十世紀中葉以降淪為毒梟大本營，而囂張的毒梟曾以賄賂方式進入國會殿堂。圖為哥倫比亞國會大樓內的穹頂壁畫，傳遞民主制度的價值。

▼ 哥倫比亞畫家博特羅（Fernado Botero，1932- ）生於麥德林，他以肥胖人物的藝術風格聞名，此畫係嘲諷哥倫比亞的暴力社會。

毒梟崛起後，也相繼模仿。

毒梟為了運毒、搶地盤、對抗政府，不僅走私軍火，更建立非法武裝部隊。面對火力強大的販毒集團，許多軍警為了保命而同流合汙。事實上，販毒集團最可怕的武器不是真槍實彈，而是賄賂政府官員，並滲透金融體系，簡化洗錢、拆帳等複雜作業。窮苦農民為了生計，也被毒梟所利用，改種利潤較高的大麻、古柯、罌粟花。毒梟甚至扮演慈善家，為窮鄉僻壤興建學校，美其名善盡社會責任，其實為了確保生產供應鏈。從作物栽種、提煉生產、毒品流通到招募成員，販毒集團組成了一個縝密的網路，其共犯結構上自政府高官，下至平民百姓。不論藉管控供應鏈來維持利潤、抑或利用加盟方式來擴張版圖，販毒集團的經營模式媲美跨國企業！

一九九三年，大毒梟艾斯可巴（Pablo Escobar，1949-1993）遭哥倫比亞警方擊斃後，所領導的麥德林集團（Cártel de Medellín）隨之分裂成數個小集團，勢力不如從前。至於「卡利集團」（Cártel de Cali），也在政府全力掃蕩下日益式微。爾後，哥倫比亞與美國合作，執行哥倫比亞計畫（Plan Colombia），努力朝反毒目標前進，包括：根除毒品作物、投入反毒戰爭、加強邊境安全，重整國內經濟。

然而，毒品令人心腐敗，暴利讓人性崩壞。毒品問題並未隨兩大集團的瓦解而消失，哥倫比亞的販毒事業版圖由「哥倫比亞革命武裝軍—人民部隊」（FARC）所接收，游擊隊的革命理想消弭於無形，取而代之的是犯罪行為，直到二〇一六年才與政府簽署停火協議。另外，墨西哥販毒集團也從中得利，為毒品開闢另一個戰場，寫下更教人膽戰心驚的篇章。

「零古柯鹼」vs「零古柯葉」：玻利維亞的課題

玻利維亞總統莫拉雷斯係原住民，又是古柯農出身，因而積極端正外界對古柯葉的負面看法，爭取古柯葉在國際上的合法化。然而，古柯鹼的暴利教人沉淪，而使古柯葉流入黑市。玻利維亞試圖以「零古柯鹼」取代「零古柯葉」。

玻利維亞位於南美洲，為印加文化遺址之一。安地斯山蟠踞西境，形成一片巍峨的高原，海拔約三千六百公尺，有些地區甚至超過四千公尺，因而有「世界屋脊」之稱。玻利維亞人口約一千一百萬，其中，白人占百分之十五，印歐混血人種占百分之三十，原住民族則有百分之五十五。前哥倫布文化至今仍非常鮮明，尤其在鄉村有百分之九十的居民咀嚼古柯葉，村民在集會時，大家先從身上的囊袋取出古柯葉，彼此交換品嚐，討論品質一番後，才開始談論正事。

古柯產於八百至兩千五百公尺的中海拔溼潤谷地，哥倫比亞、玻利維亞與祕魯是全球的三大生產國。玻利維亞產地分布於雲加斯（Los Yungas）、恰巴瑞（Chapare），以及北拉巴斯（Norte de la

Paz）零星地區，其中，雲加斯為該國的最大產地，在一八三〇年代即有生產聯盟，所生產的古柯葉除了供國內高海拔地區使用外，亦銷往阿根廷的山區。古柯葉是提煉古柯鹼的原料，古柯鹼被濫用後，玻利維亞因產地之故，美國於是介入玻國內政，造成兩國關係惡化。一九六一年，古柯葉被聯合國列在興奮劑清單上。自一九八五年以降，美國以反毒為由，與玻利維亞簽訂數項緝毒合作協定，強勢限制玻利維亞的古柯種植，根除大部分的產地，協助古柯農轉業，並擴充軍備展開反毒戰爭。

一九九〇年，在美國的壓力下，玻利維亞政府有意全部根除古柯，卻遭古柯農極力反抗，莫拉雷斯當時為古柯生產聯盟領袖，以「零古柯鹼」計畫對抗政府的「零古柯葉」作法，抗爭持續了十餘年。二〇〇五年十二月八日，莫拉雷斯當選總統。莫拉雷斯係原住民，又是古柯農出身，上任後積極端正外界對古柯葉的負面看法，爭取古柯葉在國際上的合法化。在公開場上，他大方從口袋拿出古柯葉咀嚼，面對外國記者採訪時，他甚至會教記者如何辨別古柯葉的好壞，因此數度被美國媒體形容為吸毒總統。

換言之，在莫拉雷斯執政下，古柯葉是「新玻利維亞」的神聖植物，嚼食古柯葉的傳統又再度流行，不僅原住民咀嚼，工人、商人、知識分子也跟著咀嚼古柯葉。古柯葉需求增加後，被輔導轉業的古柯農陸續回頭種植古柯。對僅擁有一小塊土地的農民而言，古柯比其他作物更經濟實惠。古柯一年收成三次，農民只須將古柯葉裝在袋子裡，搭乘公車到首都拉巴斯交貨即可。但如果種植柳橙之類的水果，農民則必須以卡車才能運送，而大部分的農民買不起卡車。

二〇〇九年，莫拉雷斯政府以維護國家自主權為由，要求美國緝毒署官員離境，表示自己有能力管理古柯生產。為了保存古柯葉的傳統用法，主要產區雲加斯不設置古柯鹼提煉工廠，嚴禁農民與毒梟往來，仔細登記所有的古柯葉產量。第二產區恰巴瑞卻有九百餘家古柯鹼工廠，而且有高達百分之九十的古柯葉流入黑市，讓莫拉雷斯政府的「古柯葉經濟」承受不少壓力。於是，莫拉雷斯多次親赴恰巴瑞視察古柯葉採收情形，加強宣傳古柯葉的傳統價值，呼籲吸食者放棄藥效快速的興奮劑。

根據官方最近的調查報告，玻利維亞的古柯葉有逐漸減產趨勢，二〇一四年全境約有古柯田兩萬四百公頃，這個數據與往年相較之下減少了百分之十一，促成古柯鹼的黑市價格上揚。一公斤的古柯葉市價僅五美元，約三百三十公斤的古柯葉才能提煉出一公斤的基礎膏（pasta básica），再經過其他分離程序製作出四分之一公斤的半精煉古柯鹼。在歐美，一公斤的純古柯鹼黑市價格則介於一萬五千至七萬美元，暴利教人沉淪。

保留古柯葉的傳統用法之際，又得杜絕古柯鹼的非法交易，是玻利維亞努力的目標。

▲ 玻利維亞的古柯農。

▼ 莫拉雷斯擔任玻利維亞總統十三年（2006-2019），以原住民暨古柯農的身分，積極宣傳古柯葉的傳統價值。。

墨西哥的兩個黑暗世界

墨西哥社會隱藏著兩個黑暗世界，各自在社會邊緣，藉藥物作用進行自我內在旅程，實踐英雄事蹟：一個是深信薩滿文化的傳統部落，另一個則是以大毒梟為首的地下組織。兩者相互影響，令墨西哥毒品問題更加複雜。

全世界的植物約五十萬種，其中人類常用的致幻植物則有一千餘種。自石器時代起，人類便懂得藉致幻植物來產生幻覺，令自己彷彿騰雲駕霧一般，悠遊三界，藉神祕歷程進行心靈之旅，進而發展出薩滿文化。在初民社會，巫與醫不分，致幻植物係不可或缺的藥物，在宗教儀式的推波助瀾下，鞏固了薩滿（祭司）的地位。

在五大洲之中，美洲的致幻植物種類相當多，是全球精神藥物的重要供應地。以墨西哥為例，聖母籽（Semillas de la Virgen）、裸蓋菇（Psilocybe mexicana）、烏羽玉（Lophophora williamsii）等，至今仍被許多印地安部落視為聖物，用於占卜、問神、祈福、驅魔和醫療，暗地舉行吸食儀式。

▲ 圖為墨西哥出土的前哥倫布壁畫，描寫地母頭頂長出一株枝茂盛的致幻植物，眾神圍繞著這株植物，形成仙境樂園。

聖母籽是指牽牛花之類的旋花科植物種子。裸蓋菇有「魔菇」之稱，生長於中高海拔的石灰岩地形，實體高度約二至十公分。烏羽玉為球型仙人掌，球莖僅六公分高。這三種致幻植物的植物鹼具麻醉和迷幻作用，會影響神經系統和精神狀態，其成分與LSD的吲哚（indole）原子結構相似，被歸為精神藥物，政府當局嚴禁一般民眾食用，只開放印地安族群在宗教儀式中使用。

二十世紀初，大批華工移入索諾拉（Sonora）和西那羅亞（Sinaloa）兩州，替代短缺的勞力，罌粟花於是隨之來到墨西哥。起初，華工種植罌粟花，生產少量的鴉片自用。艾利亞（Plutarco Elías Calles，1877-1945）執政後實施排華政策，造成許多華人死於種族衝突中，甚至被迫離開墨西哥；然而，罌粟花卻在無意中留下來，成為大宗的非法作物，並自墨西哥西北部向外蔓延。

二十世紀中葉，大麻成為墨西哥另一項大宗的非法作物。一九七〇年以降，吸毒者發現LSD、快樂丸之類的人工合成藥物，不如天然藥物的奇幻感覺，聖母籽、裸蓋菇、烏羽玉因而蔚為流行，吸食者已不限於印地安人，吸食用途也從宗教儀式演變成精神用品。南美洲生產的古柯鹼，在墨西哥毒梟遙控下，或取道墨西哥、或經由加勒比海而進入美國。因地緣、文化之故，墨西哥成為美洲的另一個毒品營運中心。

在地緣上，墨西哥與美國接壤，兩國之間隔著廣袤沙漠和格蘭德河（Río Grande），

▲ 罌粟花堪稱世上最美的花，罌粟籽是有益健康的食品，然而，罌粟朔果中的乳汁乾燥後就是「鴉片」，再經過提煉即成「嗎啡」，最後精煉為「海洛因」。

邊界總長達三千一百六十九公里，人煙稀少，形成治安上的漏洞，以致偷渡和走私猖獗。

在文化上，深居窮鄉僻壤的墨西哥農民主要為印地安人後裔，巫醫信仰根深柢固，崇敬各種神奇藥草，沒有所謂的「毒品」觀念。再者，農民為了生計，被毒梟所利用，捨棄了玉米等糧食作物，而改種利潤較高的大麻、罌粟花，甚至協助生產鴉片，提煉嗎啡或海洛因。

昔日，薩滿掌握各種知識，堪稱醫生、心靈導師、心理諮商師、植物學家、生物學家、天文學家和地理學家，人民對薩滿凡事言聽計從。今日，販毒集團代表財富與權力，甚至「法律」，堪稱國家中的國家。印地安農民得不到政府的幫助，寧可淪為毒梟的犯罪工具，為之效命。亦即，農民對薩滿的崇拜之心挪移至毒梟身上，若致幻植物是薩滿主義的法器，那麼金錢則是販毒集團的利器。

墨西哥社會隱藏著兩個黑暗世界，各自在社會邊緣，藉藥物作用進行自我內在旅程，實踐英雄事蹟：一個是深信薩滿文化的傳統世界，另一個則是以大毒梟為首的地下組織；一個封閉保守，另一個神祕莫測；一個貧窮落後，另一個則富可敵國；一個被排拒於現代化社會；另一個則不容於法律。兩者相互影響，令墨西哥毒品問題更加複雜。

儘管人類使用藥物已有數千年之久，然而，在初民社會，甚至包括今日的原住民部落，藥物主要用於求神問卜和治病養生，兼具團結互助及安定社會之功能。自工業革命之後，人類卻透過醫學科技、行銷手法、利益考量等外力，積極締造嗑藥文化，由吸毒所衍生的犯罪次文化更震撼了現代社會，實在是始料未及。

從行俠仗義的綠林好漢到毒梟的聖人

毒梟將行俠仗義的綠林好漢化身為主保。顯然，窮凶惡極之人，其心靈仍有脆弱的一面，需要聖人的指引和保護。毒梟的主保成為墨西哥變調的民俗信仰。

墨西哥人篤信天主教，在天主教信仰裡，除了聖父、聖子與聖神三位一體外，尚有聖母，以及多位受教會冊封的聖人、聖女，成為信徒的主保（patrón/patrona）。亦即，信徒領洗時，必需領受一個聖名，而聖人、聖女會保佑領受自己聖名的信徒。

毒品改變了價值觀，也影響了宗教信仰。每天出生入死的毒販外表凶狠，其實內心相當脆弱，對宗教十分虔誠，或許基於迷信，也需要主保的護佑，於是產生了「毒梟的聖人」（Santo de los Narcos），源自義賊馬維德（Malverde）傳說，並衍生為民間信仰。

馬維德是否真有其人，眾說紛紜。西班牙文「Malverde」為「惡」（mal）與「綠」（verde）二字之組合，「綠林好漢」之意，指聚集山林反抗政府並搶劫富人財物的人。據傳，馬維德本名為赫蘇斯・華雷斯・馬索（Jesús Juárez Mazo，1870-1907），生於西那羅亞州，原為當地礦工，偶而兼做水泥匠、鐵路工等，由於不滿富豪壓榨窮人，四處鋤強扶弱，而有「義賊馬維德」之稱。馬維德後來在首府庫利亞崁（Culiacán）被捕，並被判處絞刑。

另有一說，為了逮捕馬維德，政府當局懸賞重金，馬維德終於遭人射中腿部，由於傷勢嚴重，馬維德自知來日不多，於是要求友人將自己送警，以換取獎金幫助窮人。馬維德伏法後，政府當局為了達到殺雞儆猴的效果，不准下葬馬維德。不過，只要民眾經過停放馬維德屍體之處，就故意放一顆石頭，一次一顆，石頭越放越多，以這種方式埋葬了馬維德。爾後，民間紛紛謠傳馬維德顯靈，連毒梟、幫派分子都相信馬維德的神蹟，而將他視為民族英雄。一九七〇年代，居民為馬維德蓋了一座小教堂，尊他為「庫利亞崁的主保」、「匪盜的主保」，更演變為「毒梟的聖人」。

梵諦岡並未承認馬維德為聖人，然而，「毒梟的聖人」之名不脛而走，其他毒梟盤踞之地陸續興建馬維德教堂，甚至哥倫比亞的卡利、美國的洛杉磯也有馬維德教堂。從教堂分布地點，可勾勒出數條毒梟活動路線。

▲ 義賊馬維德被視為「毒梟的聖人」，也是墨西哥版的羅賓漢、廖添丁，是從事危險工作者的精神依靠，而在馬維德的聖壇上供奉蠟燭、十字架、玫瑰念珠，祈求馬維德庇佑。

教堂內，馬維德的塑像膚色略深、留著八字鬍、身穿白衣、頸繫黑巾，為典型的墨西哥騎士打扮。每年五月三日，在馬維德的忌日，信徒紛紛湧入教堂，在聖像面前擺上鮮花、蠟燭、玫瑰念珠，祈求馬維德庇佑。平時，在出任務前或惹上麻煩時，毒梟會前往教堂祈禱；一旦任務完成、生意豐收，就會帶著供品和感謝牌再到教堂還願致謝。兒子走上不歸路或身陷囹圄，母親也會代為前去教堂祈禱，奉上祈禱牌。祈禱牌與感謝牌均源自天主教傳統，為信徒自製或委託畫師所繪的小幅宗教畫，上面繪有聖人圖案，並題上祈禱文與感謝詞。

環顧教堂四周，祈禱牌與感謝牌掛滿牆壁，顯示出馬維德信仰的重要性。在教堂鄰近的手工藝品店，馬維德聖像儼然精品頗受歡迎，其造型隨著現代化更迭，有時穿上筆挺的墨西哥騎士裝，有時則換上流行的時尚T恤與棒球帽。無論凶神、抑或惡煞，家中一角會設置馬維德聖壇，腰帶、披肩、帽子、靴子、槍套、槍托、汽車……均貼著馬維德肖像，陷入險境之際，口中不斷重複唸著他的名字。

馬維德為墨西哥版的羅賓漢、廖添丁，是眾人在茶餘飯後津津樂道的話題，而毒梟卻將行俠仗義的綠林好漢化身為主保。顯然，窮凶惡極之人，其心靈仍有脆弱的一面，需要聖人的指引和保護。馬維德是毒梟的救贖？還是詛咒？披上宗教的彩衣，馬維德信仰彷彿一劑心靈補藥，而這變調的民俗信仰，將犯罪行為合理化，讓毒梟有恃無恐。

賈德隆（Felipe Calderón，1962-）總統在美方的壓力下發動「毒品戰爭」（2006-2012），造成馬維德信仰更廣為流傳。

毒品次文化：披上華服的「死亡聖神」

融合了天主教傳統與原住民信仰，「死亡聖神」遞嬗為一具女性骷髏，身披華麗長袍、手持鐮刀。窮鄉僻壤的農民向祂祈求他日得以否極泰來，信徒漸漸擴及工人階級，甚至連罪犯和毒梟無不深信祂的法力無邊。

墨西哥約有一億兩千萬人，百分之八十一的人口信奉天主教，是全球天主教信徒第二多的國家。毒品次文化使天主教信仰變形，不僅創造了馬維德聖人，也擴大了「死亡聖神」（Santa Muerte）信仰。

在前哥倫布時期，墨西哥原住民即展現勇者無懼的情操，甚至以死在戰場或祭壇上為榮。因此，在西班牙拓殖之初，各地常爆發原住民起義活動。為了讓原住民對死亡產生恐懼而怯懦，殖民政府引入歐洲中世紀有關死亡的文學、戲劇、繪畫等作品，灌輸死亡乃受撒旦誘惑的後果。例如：《與死亡共舞》（*Danza macabra*）、或《死亡不分年齡》（*La muerte no respeta edad*）之類的版畫，畫中描繪著無論王公貴族、抑或市井小民，其身後緊跟著象徵死亡的骷髏，任何人一旦作惡，隨時會招致不幸而身亡。再者，殖民政府不斷強調天主教的「最後審判」，在世界末日時天主會按公義懲罰惡人，所有的惡人都會進入地獄，而地獄是惡人受苦之地，裡面有烈火永遠焚燒。

馬雅、阿茲特克等古文明有冥府之說，卻無地獄觀念，認為眾神均有正負兩面的神性，只要虔心祈禱，即便是冥王、死神或黑暗之神，亦能護佑人類。對這些古文明而言，骷髏頭具有死後重生之意。因此，在前哥倫布時期，原住民即有祭拜死神及亡靈的習俗。受到殖民政府的高壓統治，原住民雖然接受了天主教信仰，卻將馬雅、阿茲特克等文化悄悄融入其中，導致天主教信仰產生在地化特色。例如：原住民在天主教的「諸聖節」（十一月一日）和「追思已亡節」（十一月二日）期間，同時舉行亡靈節（Día de Muertos）祭典，如今亡靈節是墨西哥重要的民俗節慶之一。

從前哥倫布文明的活人獻祭，到天主教文明的最後審判，再到大革命的流血衝突，墨西哥人早已看盡生死。死有重於泰山、輕於鴻毛，既然人生終究得面對死亡，與其擔憂害怕，不如正面看待。那些令人畏懼、且被視為忌諱的骷髏頭，在墨西哥人眼中只是生命的變化，於是，發揮創意以五顏六色的糖霜骷髏頭裝飾亡靈節，其中不乏畫家波薩達（José Guadalupe Posada，1852-1913）所作創的人物「骷髏小姐」（La Catrina），讓這個民俗節慶充滿色彩和幽默。

「死亡聖神」有歐洲中世紀骷髏版畫的形象，也有阿茲特克冥府女神蜜特卡西娃（Mictecacíhuatl）的模樣，其信仰融合了天主教傳統與原住民信仰，在時間的淬鍊下遞嬗為一具女性骷髏，身披華麗長袍，手持鐮刀，守護著亡靈。據信，一條銀絲連繫人的魂與體，鐮刀象徵生命的主宰，人一旦往生了，鐮刀便斬斷銀絲。「死亡聖神」象徵未來的希望，信徒可隨祈求目的而更換死亡聖神的長袍顏色，例如：黃袍求財富，藍袍求健康，白袍求忠誠，黑袍則求巫術與超能力。殖民政府曾嚴禁崇拜死亡聖神，燒燬死亡聖神的聖像，甚至將瘟疫流行歸咎於「死亡聖神」的作祟。

長久以來，「死亡聖神」信仰根植於窮鄉僻壤，一群社會邊緣人以淡然的態度，在八月十五日舉行「死亡聖神」祭典，祈求他日得以否極泰來。一九六五年，「死亡聖神」信仰再度受到重視，而被

▲「死亡聖神」為一具女性骷髏，身披斗篷，手持鐮刀，露出陰森表情，毒品次文化促使「死亡聖神」信仰走入民間。

▼不同於「死亡聖神」，「骷髏小姐」代表墨西哥人的幽默，是亡靈節不可或缺的飾品。

▲《曼羅奇遇記》是 3D 動畫片，描述兩個好朋友同時愛上女主角，「死亡聖神」和「冥府之神」在兩人身上下賭注，打賭誰會贏得女主角的芳心。。

▶《前進》雜誌旨在揭露墨西哥黑幫及販毒集團的惡行，同時也批評政府的錯誤政策造成更多人枉死。一七六二期的《前進》雜誌，即以總統賈德隆和「死亡神聖」為封面人物，「死亡神聖」問賈德隆：「有兩萬八十個亡魂嗎？酷！」

注入新元素，重新流行於伊達爾戈（Hidalgo）州，瞬間風靡了其他州，其信徒主要為農工階級，信眾尊祂為「至聖死亡」（Santísima Muerte）、「窈窕女」（Flaquita）、「白色聖女」（Niña Blanca），提升祂的神格如聖母瓜達露佩（Virgen de Guadalupe）一般。

後來，連罪犯和毒梟均深信祂的法力無邊，在運毒之前、或執行暗殺任務之前、或與其他幫派激戰之前，皆會向祂祈禱。一如馬維德信仰，梵諦岡不承認「死亡聖神」的信仰，墨西哥政府也嚴加禁止，卻拜「毒品戰爭」之賜，「死亡聖神」信仰廣為流傳，「死亡聖神」祭壇林立，相關的聖物成為最熱門的商品。據統計，「死亡聖神」的信徒在墨西哥高達五百萬人，占總人口的百分之四。隨著毒品次文化的傳遞，「死亡聖神」也流行於美國南部和其他拉丁美洲國家。二〇一四年出品的電影《曼羅奇遇記》（*The Book of Life*），即以「死亡聖神」貫穿全場，顯示這個民間信仰的普及化。

同樣是一具女性骷髏，「死亡聖神」與「骷髏小姐」大不同。前者，為民間信仰，被視為偶像，莊嚴中略帶陰森；後者係藝術家創作的人物，戲謔中散發風情。

毒品歌謠：音樂版的迷你小說

墨西哥因毒品氾濫和毒梟盤踞，而衍生出所謂的「毒品寇里多」，這類歌謠在某些州裡，幾乎成為國民歌曲，酒吧、街頭、地下電臺不斷吟唱毒品世界的非法行為，有教唆犯罪之嫌，頗受爭議。

音樂是生活中重要的資源，係社會團體中不可或缺的元素，因而有宗教樂、抒情樂、愛國樂、民族樂、通俗樂、古典樂、流行樂等表現，做為人類表達意念的最佳宣言。正如隊有隊歌、校有校歌、國有國歌，不同時代各有其代表性音樂，不同族群之間當然也有屬於自己喜好的音樂形式。

一九六〇、七〇年代引領風潮的男性搖滾樂團，以吶喊、嘶吼和震耳欲聾的音樂做為新世代分野，歌詞充滿陽剛、暴力、藥物、性愛和希臘神話等意象，鋪寫出縱情放任的一代。是毒品影響了搖滾樂風格？還是搖滾樂加劇了毒品世界的迷幻？實在很難釐清彼此之間的因果關係，雖然也有不碰毒品的搖滾樂團，不過提到搖滾樂似乎無法忽視毒品的存在。披頭四之一的保羅．麥卡尼（Paul McCartney，1942-）公開表示迷幻藥給予音樂創作靈感，並在歌詞中隱約提到大麻、LSD等毒品。彷佛毒癮在作祟，越來越多的搖滾樂歌手不避諱以樂曲歌詠毒品，甚至因吸毒過量而身亡。

墨西哥是音樂之鄉，受到地貌和莊園制度的影響，而衍生出濃厚的鄉土音樂，例如：寇里多（corrido）、哈羅秋（jarocho）、蘭切拉（ranchera）等，藉以禮讚田園的迷人風光、歌誦莊稼漢的胼手胝足、傳遞情侶的濃情愛意。其中，寇里多起源於十八世紀，從羅曼斯（romance）歌謠遞嬗而成，具有敘事特性，或為八音節、或為十音節，其形式主要為序曲、主體、尾聲三部分。序曲係吟唱人的開場白，包含問候聽眾和故事簡介；主體顧名思義即進入故事的主題；歌曲最後不免說教一番，以發人深思的寓意和吟唱人的道別作為尾聲。伴奏的樂器通常為吉他、手風琴等。寇里多適合即興創作，常被用來歌詠風雲人物、頌揚民族精神、敘述時事新聞、嘲諷社會現象、舖陳愛情故事等，其風格多元，可以是史詩的、抒情的、敘述的、寫實的。

▲以真實故事為藍本，毒品寇里多堪稱音樂版的迷你小說、或「毒品演義」，具有突破禁忌、挑釁政府的意味。圖為「北方老虎」的毒品寇里多專輯封面。

二十世紀初，美、墨邊界吹起了走私風，特別是美國實施禁酒令期間，不少走私犯渡過格蘭德河或橫越大沙漠，將墨西哥龍舌蘭酒走私至美國牟取暴利。寇里多隨之成為吟唱北方奇情異事和犯罪不法的工具。一九三三年，美國解除禁酒令後，不法分子轉向走私海洛因等毒品，寇里多主題也從酒類走私變成毒品走私。一九三四年，樂手嘉伊坦（Juan Gaytan）譜寫出〈走私犯〉（El contrabandista），被視為第一支以毒品為主題的寇里多，敘述一名原先走私酒類的商人，後來因販毒而被捕：

> 我本販賣香檳、龍舌蘭、哈瓦那蘭姆酒，
> 不瞭解一個囚犯會受怎樣的折磨。
> 很快我購買了汽車和房地產，
> 渾然不知我馬上就要進入監獄。
> 因為販售古柯鹼、嗎啡和大麻，
> 凌晨兩點我被捕送進監獄。

從此，毒品便成為寇里多最常涉及的題材，敘事風格有戲謔嘲弄的口吻，也有欽羨仰慕之意，其尾聲部分不再全然說教，有時故意留下伏筆，增添戲劇性。一九四〇年代，〈白貨〉（Carga

▲「北方老虎」的這張專輯共收錄了二十首寇里多，其中第十四首為〈一公斤貨〉，第十五首為〈以父之名〉，歌詞均提到走私販毒。。

Blanca）發行，堪稱典型的邊界寇里多，以低音十二絃吉他伴奏，凸顯北方大漠的音樂色彩。〈白貨〉敘述兩名墨西哥人走私一批海洛因到美國的聖安東尼歐（San Antonio），販售後得款二千八百美金，怎知，返鄉時遭綁架撕票，那二千八百美金最後回歸買家。寇里多逐漸流行於墨西哥北方，尤其在下加利福尼亞（Baja California）、奇瓦瓦（Chihuahua）、西那羅亞等毒品氾濫的州，幾乎成為國民歌曲，酒吧、街頭、地下電臺充塞著寇里多，更跨越邊境流傳到美國，述說美、墨邊界不斷上演的非法行為。

從頌揚民族精神到描寫走私販毒，傳統的寇里多與北方流行的寇里多相差甚大，為了區分彼此，而於後者的字首冠上「毒品」（narco）。毒品寇里多（narcocorrido）不只是突破禁忌、挑釁政府的音樂曲種，堪稱音樂版的「毒品演義」或「毒品外史」，其情節大都真有其事，即便是杜撰虛構，也以真實故事為藍本。毒品寇里也可比擬為音樂版的迷你小說、或極短篇小說，以三、五分鐘的時間，唱完販毒走私與毒梟傳奇。由於公然頌揚不法行為，被認為有教唆犯罪、鼓動吸毒之嫌，而被禁止公開播放。所謂近朱者赤、近墨者黑，當人類沉淪於藥物世界之後，其生活、工作、交友皆與藥物脫不了關係，進而衍生出相關的休閒娛樂。

毒品歌謠：毒梟主題曲

音樂無遠弗屆的力量不容小覷，尤其毒品次文化透過音符的傳播而成時尚。毒品寇里多刻意聚焦於毒梟冒險犯難的英雄氣概，儼然毒梟主題曲，令小毒販著迷不已而模仿，渴望爾後也能擁有自己專屬的毒品寇里多。

搖滾樂詮釋時代的解放氛圍；毒品寇里多則改變傳統價值觀。搖滾樂描寫毒品的迷幻感覺；毒品寇里多則敘述毒品的商業利益。搖滾樂將吉他比喻為槍，象徵陽剛、爆發力和毀滅性；毒品寇里多則描繪槍枝彈藥的懾人聲響，藉之呈現出生入死的英雄氣魄。搖滾樂的暴力行為充滿抽象符號，並富含暗喻；毒品寇里多的暴力場景則栩栩如生，宛如身歷其境。相較於搖滾樂的放浪形骸，毒品寇里多十分驚世駭俗。

音樂無遠弗屆的力量不容小覷，尤其毒品次文化透過音符的傳播而成時尚。毒品寇里多刻意凸顯毒梟的英雄事蹟，強調他如何在槍林彈雨中與宿敵廝殺、如何突破警方的封鎖將毒品運到目的地、如何矇騙邊關崗哨安全踏上美國土地、如何黑吃黑獨占毒品利潤，種種行為儼然值得代代傳誦的英雄史詩。

▲「北方老虎」成立之初為四人，係由三個親兄弟，加上三人的表兄弟所組成。後來，三個親兄弟中有一人退出，再加上其他兩名兄弟，目前成員共計五人。

◀「北方老虎」唱出音樂版的迷你小說，以音符勾勒毒品世界裡的男男女女。

▶ 許多毒梟希望有人能為他譜寫自己專屬的毒品寇里多，而使毒品寇里多蔚為流行。圖為藝名小老虎帕爾瑪（El Tigrillo Palma）的毒品寇里多專輯。

「北方」因毒品氾濫而引發諸多聯想，也因毒品寇里多的流行而引人注意。在地理上，墨西哥北方高山橫亙、沙礫遍布，景觀荒蕪孤寂。在歷史上，墨西哥北方曾經是國土的一部分，卻因美墨戰爭而拱手讓人，原本熟悉的山河、語言、人種和風俗，突然變得十分陌生。「北方」係指美國，也指美、墨邊境，有遙遠、邊陲、神祕、廣漠、無垠等涵意，同時也象徵「希望之地」，吸引成千上萬的墨西哥人跨越北方邊界找尋新生。墨西哥的「北方人」（norteño）即代表刻苦耐勞、胼手胝足，同時又因其作風豪邁，而常被視為野蠻粗俗、我行我素，甚至目無法紀。在此氛圍下，毒品寇里多增添了北方的豪邁色彩，不少寇里多樂團也以北方作為團名，例如：「北方老虎」（Los Tigres del Norte）、「北方風暴」（Los Huracanes del Norte）、「北方動力」（Los Dinámicos del Norte）、「北方威力」（El Poder del Norte）等。

一九七二年，「北方老虎」發行了〈走私與背叛〉（Contrabando y traición）單曲專輯，竟讓這個在當時只是二線的樂團一夕成名，並將毒品寇里多推向流行高峰。歌曲敘述一對情侶駕車從提華納（Tijuana）出發，意圖走私大麻至美國。車子輪胎內藏滿大麻，兩人安全穿越邊境，在暗巷內與買家會面，情侶換下四個輪子，獲得買家一只裝滿美金現鈔的皮箱。男人分給女人應得的部分，並要她展開新生活，同時表示自己要和「生命中的女主人」（la dueña de mi vida）一同前往舊金山。女人於是以七發子彈結束男人的生命，獨吞全部錢財後，就此銷聲匿跡。歌名直接了當點出故事主題，乃毒品寇里多的特色之一。

搖滾樂彷彿傳遞希臘神話的貪、嗔、恨、痴、愛、慾。同樣，毒品寇里多也頗具阿茲特克神話色彩，有日、月二神生死決戰的模式，刻意描述兄弟鬩牆、情侶背叛、手下異心的複雜情緒，最後為了勝出而痛下殺手。此外，毒品寇里多刻意聚焦於「不入虎穴焉得虎子」的英雄氣概，強調人物的鋪陳，尤其凸顯「勝者為王」的個人特質，再加上社會環境的側寫，貼切浮現出大毒梟的身影，教那些沉淪於暴力、權勢和金錢裡的小毒販著迷不已，渴望大幹一票，日後有人能為他譜寫自己專屬的毒品寇里多。

不法勾當真能藉歌謠而漂白成英雄事蹟？仍有待商榷。但是，歌謠將毒梟英雄化後，會不會惹火敵對組織而牽累歌手？或者，歌謠揭發犯罪事實後，是否會令毒梟惱羞成怒而展開報復行動？諸多假設不無可能，是值得探索的議題。當毒品寇里多的主題故事越趨向暴力之際，益顯毒品與暴力的一體兩面。晚近，恰林諾．桑切斯（Chalino Sánchez，1960-1992）、艾利薩德（Valentín Elizalde，1979-2006）、蓓妮亞（Zayda Peña Arjona，1981-2007）、葛梅斯（Sergio Gómez，1973-2007）等毒品寇里多歌手遭暗殺，而且個個死狀悽慘：有被綁架撕票，有遭當眾亂槍掃射，有生前被凌虐毆打。殘暴手法與幫派、或販毒集團處決敵人的方式如出一轍。

搖滾樂以吉他象徵槍枝，那只是情緒和意念的挪移；然而，毒品寇里多發展至今，竟跳脫想像的框架，讓AK-47突擊步槍的聲響從真實世界變成音樂旋律，再從音樂旋律走入黑暗世界。換言之，毒品寇里多不僅唱出殺戮，本身也與毒品、暴力、幫派糾纏不清，如此獨特樂風投射出墨西哥毒品問題的嚴重性。

毒品的暴利令多少人鋌而走險，以企業經營方式成立販毒集團。販毒集團不僅收買政府官員，也吸收幫派分子協助走私運毒，確保供應鏈及運輸網。不論過著紙醉金迷的奢華生活抑或徘徊於槍林彈雨的生死戰，毒梟演義的戲劇性媲美肥皂劇，令年輕人嚮往，而以毒品和暴力鋪寫瘋狂生命！

7. Chapter
毒品與暴力

艾斯可巴：古柯鹼沙皇

他靠著販毒迅速累積鉅大財富，而於一九八九年榮登《富比士》全球第七大富豪。他曾涉及的綁架案和凶殺案不計其數，約五千至一萬人遭殺害。近來他位於邁阿密的豪宅掀起挖寶熱，艾斯可巴傳奇並未隨他的逝世而被淡忘，甚至偶而引發一陣騷動。

在哥倫比亞的眾多毒梟中，艾斯可巴最為傳奇。一九四九年出生於里歐內格羅（Rionegro），一個距麥德林四十公里的小鎮。在七個兄弟姊妹中，艾斯可巴排行第三，自幼即展現「大哥」特質，喜歡發號施令。少時，曾與表兄在石碑工廠工作，向喪家推銷墓碑，爾後甚至到墓園偷取富人的大理石墓碑轉賣。

一九七二年，艾斯可巴年僅二十二歲，即在麥德林嶄露頭角，以贓車為工具步上他的走私人生。彼時，美國開始從哥倫比亞走私古柯鹼，艾斯可巴看準哥倫比亞將會是古柯鹼的運輸中心，因而加入有「教父」（El Padrino）之稱的葛梅斯．羅培茲（Alfredo Gómez López）麾下，從中學習販毒、賄賂、拆帳、洗錢等技巧。僅兩年光景，艾斯可巴靠著靈活反應及凶殘手段，迅速累積鉅大財富，並於一九七五年建立麥德林集團。

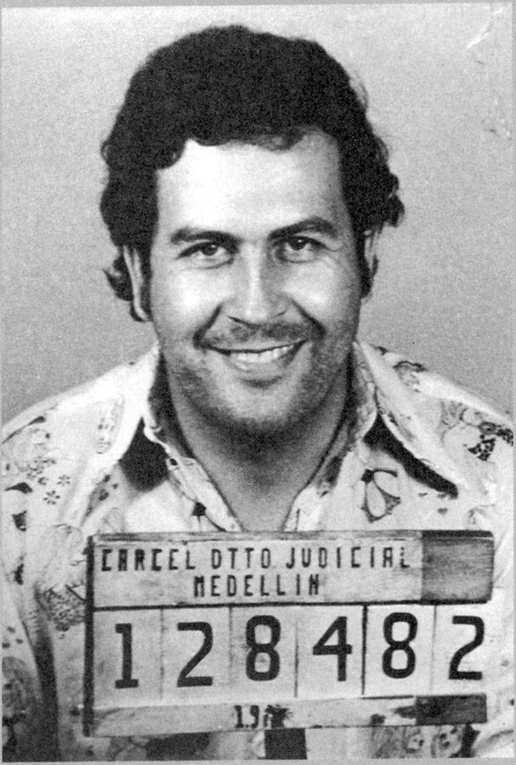

▲艾斯可巴是哥倫比亞麥德林集團的創辦人，綽號「古柯鹼沙皇」，曾壟斷全球百分之八十的古柯鹼交易。

在艾斯可巴的領導下，麥德林集團設有實驗室，負責提煉古柯鹼，一手掌控生產、運輸與銷售作業，壟斷全球百分之八十的古柯鹼交易，全走私至美國。躍升為富豪後，艾斯可巴已不滿足以賄賂來插手政治，他要親自參與國是，藉以掩護販毒事業。於是，艾斯可巴以慈善家的形象頻頻出席公益活動，出資蓋教堂、學校、住宅區、足球場，贏得低下階層的敬愛，而有「大聖人」之稱。以「銀彈或子彈法則」（ley de plata o plomo），艾斯可巴收買或威嚇政府官員，於一九八二至一九八四年間擔任了兩年的參議員。哥倫比亞女作家芮絲垂波（Laura Restrepo，1950-）在《癲狂》（*Delirio*）裡，以嘲諷口吻寫下：

> 身邊聚積的財富遠比國內任何權貴世家多出百倍，只要他願意，便可以任意擺布他們，將他們玩弄於股掌之間。

一九八四年，哥倫比亞司法部部長刺拉．波尼亞（Rodrigo Lara Bonilla，1946-1984）著手調查艾斯可巴的犯罪行為，卻遭艾斯可巴暗殺身亡，政府終於決定緝捕艾斯可巴。然而，麥德林集團勢力龐大，再加上卡利集團和游擊隊，哥倫比亞社會充滿暴力。在《綁架新聞》（*Noticia de un secuestro*）裡，賈西亞．馬奎斯以沉重筆觸道出「國家飽受惡魔集團的折磨」。

一九九一年，艾斯可巴落網，被送進一個名為「主教堂」（La Catedral）的豪華監獄。獄中有健身房、足球場、休息室、遊戲間，以及有流水飛瀑的庭院。媒體披露艾斯可巴在獄中繼續享受人生並遙控販毒事業，哥倫比亞政府受到輿論壓力，有意將他移送至真正的監獄。艾斯可巴擔心會被引渡到美國受審，於一九九二年七月二十一日利用押解途中逃亡。一九九三年十二月二日，艾斯可巴四十四歲生日的隔天，警方透過他與家人的電話通聯，偵測到他的藏匿處而展開圍捕行動。艾斯可巴在衝突中遭警方擊斃。

艾斯可巴的毒梟傳奇至今仍無人能比，有「主子」（El Señor）、「老闆」（El Patrón）、「巫師」（El Mágico）、「古柯鹼沙皇」（El zar de la cocaína）等稱號。他旗下的殺手組織相當龐大，所涉及的綁架案和凶殺案不計其數，約五千至一萬人遭殺害，其中不乏警察、法官與政治人物，尤其為了暗殺當時的總統候選人賈維利亞（César Gaviria，1947-），艾斯可巴在一架民航機上放置炸彈，造成百餘名旅客罹難，事實上賈維利亞並未搭乘那班飛機。

一九八九年，艾斯可巴以三百億美金的財富，榮登《富比士》全球第七大富豪。據信，他為了給兒子取暖，曾拿兩百萬美金現鈔當作柴火燒掉。或許燃燒現金一事純屬虛構，但他的華麗別墅確實遍布各地，其中名為「拿坡里莊園」（Hacienda Nápoles）儼然動物園，裡面養了河馬、大象及其他珍禽異獸。

艾斯可巴是拉美毒品小說的創作靈感，勾勒出充滿綁架、販毒、殺戮的血腥歷史。美國影集《毒梟》（*Narcos*）也以他為藍本，近來他位於邁阿密的豪宅掀起挖寶熱，艾斯可巴傳奇並未隨他的逝世而被淡忘，甚至偶而引發一陣騷動。

毒梟之死與毒品風暴

大毒梟「空中之王」以一支波音七二七機隊，定期往返於哥倫比與墨西哥之間的機場，裝運古柯鹼，毒品再隨著北美自由貿易協定的合法商品一起銷往美國，每年創造一百二十億美金的利潤。他的紀錄至今仍無人能破，他的死卻為墨西哥掀起更大的風暴。

一九九四年一月一日，墨西哥與美國、加拿大共同簽訂的北美自由貿易協定（NAFTA）正式生效，美、墨邊界的城市如華雷斯（Juárez）、提華納等，電子、紡織、汽車等保稅加工出口區林立，墨西哥經濟看似一片欣欣向榮。事實不然，美、墨不對等的條約間接促使毒品走私問題加劇，種下日後墨西哥社會充滿暴力的遠

▲ 亞曼多・卡利優・富恩特斯是華雷斯集的首腦，因以波音七二七機隊運毒而有「空中之王」的封號。

因。以農作為例，墨西哥政府廢除糧食作物的調節機制、取消關稅及農產品進口配額、刪除小規模農戶的補貼，迫使農民以低於成本價格出售玉米及其他作物，農民或投入薩帕塔民族解放軍（Ejército Zapatista de Liberación Nacional）、或改種大麻及罌粟花、或流浪至邊境的保稅工廠謀生。在北美自由貿易協定的保護傘下，邊境的保稅工廠不僅免關稅，商品檢查項目少，販毒集團因而買下保稅工廠，利用美、墨邊境交通繁忙，以商品掩護毒品而流向美國。

彼時，墨西哥的麻藥耕種、毒品提煉和走私

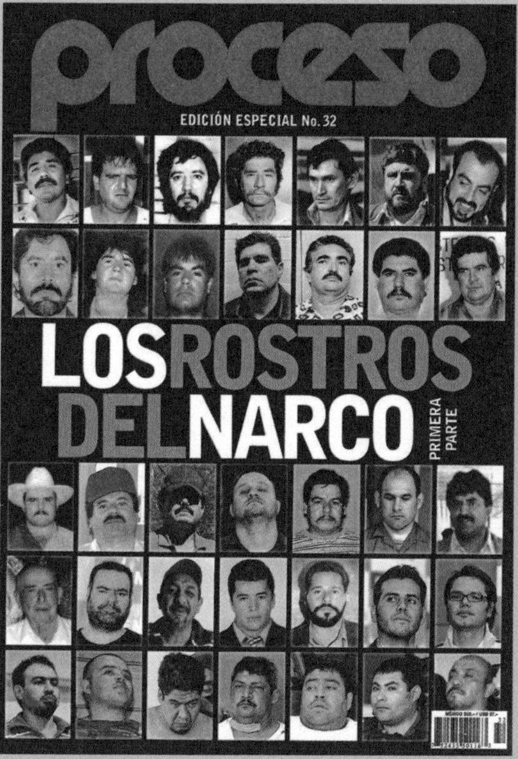

▲ 每名毒梟的背後都有一段傳奇，每張臉均代表一個故事。墨西哥《前進》雜誌曾以「大毒梟的臉」為題，發行專刊，揭露墨西哥販毒集團的恩怨。

主要由四大販毒集團所控制，即：海灣集團（Cártel del Golfo）、華雷斯集團（Cártel de Juárez）、提華納集團（Cártel de Tijuana）及西那羅亞集團（Cártel de Sinaloa）。為了壟斷市場和獨占毒品的高利潤，集團彼此競爭，也相互殘殺。其中，華雷斯集團總部設在奇瓦瓦州的華雷斯城，處於美墨邊境的中心位置，是向美國輸入最多古柯鹼的集團。

亞曼多・卡利優・富恩特斯（Amado Carrillo Fuentes，1956-1997）接掌華雷斯集團後，發展出空運走私毒品的新策略，因而贏得「空中之王」（Señor de los cielos）的封號，在哥倫比亞毒梟艾斯可巴過世後，亞曼多・卡利優・富恩特斯接收了麥德林集團的古柯鹼事業，事業如日中天。他以一支波音七二七機隊，規劃出一條販毒史上最大規模的空中運毒航線，定期往返於哥倫比亞、奇瓦瓦、西那羅亞、下加利福尼亞、索諾拉和哈利斯科（Jalisco）之間的機場，裝運古柯鹼，每年創造一百二十億美金的利潤，毒品再隨著北美自由貿易協定的合法商品一起銷往美國。如此紀錄至今仍無人能破。

浩浩蕩蕩的營運方式當然引起墨西哥政府的高度關注，只是在當時高階軍官古鐵雷斯・雷波幽（José de Jesús Gutiérrez Rebollo，1934-2013）的保護下，亞曼多・卡利優・富恩特斯仍安穩坐上「空中之王」的寶座。一九九七年，古鐵雷斯・雷波幽被控收賄，並遭判處三十二年徒刑，少了古鐵雷斯・雷波幽的保護，亞曼多・卡利優・富恩特斯成為政府緝捕的對象。在風聲鶴唳中，亞曼多・卡利優・富恩特斯有意變臉，他先到智利，再從智利轉赴巴西，評估是否在巴西進行臉部整型手術。

一九九七年七月，亞曼多・卡利優・富恩特斯決定返回墨西哥，在墨西哥城的一家私人醫院進行整型手術。手術進行了八小時，他從疼痛中醒來，要求施打止痛劑，結果死在手術臺上，死因疑似麻醉劑副作用。他的死引起嘩然，各種揣測四起，包括暗殺、內訌、陰謀。亞曼多．卡利優．富恩特斯的死儼然謎一般，至今，仍有人相信他詐死，與美國達成協議，為美國緝毒署工作。最駭人聽聞的是，亞曼多．卡利優．富恩特斯死後四個月，他的三名整型外科醫生被人虐殺身亡，裝在汽油筒中棄屍。

亞曼多．卡利優．富恩斯特之死引發黑幫交戰風暴。提華納集團素來與華雷斯集團不合，趁華雷斯集團群龍無首之際搶食地盤；與提華納集團向來有恩怨的西那羅亞集團，則以「聯合次要敵人攻擊主要敵人」的策略，與華雷斯集團合作，共同對付提華納集團。起初，毒梟火拼的戰場僅限於華雷斯和提華納兩地，卻在短短幾年間擴大到鄰近地區。毒梟勢力愈來愈大，密袭亞崁家族集團（Cártel de la Familia Michoacana）於二〇〇六年崛起；貝特蘭．列伊瓦家族集團（Cártel de los Beltrán Leyva）自西那羅亞集團分裂而出，於二〇〇八年加入戰場；塞達組織（Los Zetas）也與海灣集團分道揚鑣，於二〇一〇年自立門戶。

販毒集團顯然不受「毒品戰爭」的影響，持續掀起腥風血雨，印證了九頭蛇理論（Hydra Principle），亦即，斬了一個蛇頭，會有兩個頭從原處生出。迄今，除了首都墨西哥城之外，其他三十一州裡至少有二十州淪為毒梟據點，墨西哥社會瀕臨失序地步。

矮子古茲曼的毒品演義

三度越獄成功，又頻頻出現在《富比士》的富豪排行榜，以及全球最具影響力名單中，然而，矮子古茲曼寫下的毒品演義，僅占墨西哥毒梟故事的一章。

一九九〇年以降，墨西哥毒梟互爭地盤、拼鬥激烈。「空中之王」創下以波音七二七機隊頻繁運送古柯鹼的紀錄，因而坐擁兩百五十億美元的財富。相較之下，古茲曼（Joaquín Archivaldo Guzmán Loera，1954-）的財富約一百四十億美元，遠遠不及，所寫下的毒品演義，亦僅占墨西哥毒梟故事的一章，卻足以令墨西哥政府疲於奔命。

古茲曼出身於西那羅亞州的貧窮農村家庭。西那羅亞州多山土地貧瘠，礦業曾經是經濟命脈，主要生產鉛、銅、鋅。礦產罄空後，居民陷入絕境，於是改種大麻、罌粟花，並從事販毒。質言之，西那羅亞是毒品最氾濫的地區之一。在此，生活在周遭的親朋好友，均與毒品脫不了關係，不是種麻藥，就是負責運毒、或者擔任藥頭，古茲曼的父親即為罌粟花農。家鄉最近的學校距六十公里遠，古茲曼自幼輟學賣柳橙幫忙家計，十五歲改種大麻為生。由於身高僅一百六十七公分，而有「矮子」（El Chapo）的綽號。

一九八〇年代，古茲曼為菲利斯．賈亞多（Miguel Ángel Félix Gallardo，1946-）效命。菲利斯．賈亞多係當時的墨西哥古柯鹼教父，並成立了瓜達拉哈拉集團（Cártel de Guadalajara）。一九八九年，菲利斯．賈亞多被捕，集團因而瓦解，菲利斯．賈亞多的姪子阿瑞亞諾．菲利斯（Arellano Félix）兄弟前往提華納，成立提華納集團，占據下加利福尼亞和南下加利福尼亞（Baja California Sur）兩州。古茲曼則回到故鄉自立門戶，與兩位元老共同領導西那羅亞集團，雄霸西部的西那羅亞、索諾拉、哈利斯科、納亞利（Nayarit）、密裘亞崁（Michoacán）、科利瑪（Colima）等地，因地緣之故，西那羅

▲圖為一本探討毒梟的專書，題為《毒梟眾王》（*Los señores del narco*），並以人稱矮子的古茲曼為封面。事實上，古茲曼所寫下的毒品演義，僅占墨西哥毒梟故事的一章。

▼古茲曼的個子不高，因此有矮子之稱。他喜歡戴上棒球帽，帽緣總是微微上翻，好讓自己看起來高一些。

▲ 墨西哥《前進》雜誌以「蘇蕾瑪，毒梟情婦被塞在後車廂」為題，大肆報導古茲曼與蘇蕾瑪的關係，並指稱古茲曼係殺害蘇蕾瑪的凶手。

亞集團又稱太平洋集團。

由於師出同門，又同樣向美國走私古柯鹼、海洛因、大麻與安非他命等毒品，提華納集團與西那羅亞集團不惜反目成仇。兩大集團之間的鬥爭已到了白熱化地步，不時因喋血案件登上全國新聞版面。一九九三年五月，兩大集團於瓜達拉哈拉機場激戰，造成七人死亡，其中一人為紅衣主教胡安．赫蘇斯．波薩達斯．奧坎波（Juan Jesús Posadas Ocampo，1926-1993）。事後，輿論紛紛指向古茲曼，認為紅衣主教之死是謀殺，並非意外，墨西哥政府因而承受極大壓力，於是決定緝捕古茲曼。

一九九三年六月，古茲曼於瓜地馬拉被捕，立即被引渡回墨西哥審判，被處徒刑二十年。二〇〇一年，在八十多人的協助下，古茲曼躲在送洗衣物的車裡，從戒備森嚴的監獄成功逃脫，而整個過程無人傷亡，顯然有政府官員涉入其中。古茲曼就在美、墨國家元首見面會談前夕逃獄，令墨西哥政府十分難堪，因而成為兩國最想緝拿的毒販之一。

二〇〇九年，《富比士》將古茲曼列為全球第四十一位最具影響力的男性，名次高於當時的俄羅斯總統、法國總統和委內瑞拉總統，至於墨西哥總統賈德隆還未上榜。之後，古茲曼的名字頻頻出現在《富比士》，而他高達一百四十億美元的財富，也曾讓他連續四年出現在該雜誌的富豪排行榜。

古茲曼開設多家公司掩護走私和洗錢，以小型飛機和船隻，控制從哥倫比亞到美國的一半古柯鹼。他喜歡拿著自動步槍、戴上棒球帽拍照，帽緣總是微微上翻，好讓自己看起來高一些。

古茲曼身上背負著三千多條人命，甚至包括前女友蘇蕾瑪·艾南得斯（Zulema Hernández，1977-2008），而他自己也付出更高的代價，家族中有四人被捕、四人被殺，其中一人是親生兒子艾德佳（Édgar Guzmán López，1986-2008），被對手亂槍打死，甚至謠傳遭他自己的槍手誤殺。

二〇一四年二月，古茲曼在逍遙十三年後，第二度在墨西哥的馬薩特蘭（Mazatlán）被逮。二〇一五年七月，同謀在墨西哥城聯邦監獄外，挖了一條長達一點五公里的地道通往牢房的淋浴間，助古茲曼再度越獄成功。二〇一六年一月，在西那羅亞州的洛斯莫奇斯（Los Mochis）附近，古茲曼在與墨西哥海軍陸戰隊員交火後，第三度落網。為了不讓他再有機會越獄，美、墨政府協議，將他引渡至美國受審，並於二〇一九年被判無期徒刑。未來古茲曼的財產可能被美國政府充公。

墨西哥陸陸續續發動反毒戰爭有半世紀之久，其中以二〇〇六至二〇一二年間為高峰期，短短六年內即造成六萬餘人喪生，毒梟火拼情形不減反增。面對美國的龐大市場，毒品暴利蠹蝕了人心，販毒集團不會因古茲曼被判刑而式微，毒品演義仍有續章。

塞達組織：叛逃的特種部隊

為了弭平游擊隊，同時也為了緝毒，墨西哥政府成立一支精銳特種部隊。游擊隊占據南部叢林十餘年後自動放下武器，精銳特種部隊卻受到販毒集團的利誘，不但未能效忠國家反而叛逃，埋下爾後的社會暴力伏筆。

一九九三至一九九四年間，墨西哥政府的緝毒工作相當受挫。怎知屋漏偏逢連夜雨，薩帕塔民族解放軍刻意選擇北美自由貿易協定生效日於恰帕斯（Chiapas）起義，以游擊戰方式抗議政府門戶大開、枉顧農民生計。

為了弭平游擊隊，同時也為了緝毒，墨西哥政府仿傚俗稱綠扁帽的美國陸軍特種部隊，成立了一支由海陸兩棲偵搜隊、空軍特勤隊、空降特戰隊所組成的精銳特種部隊，並送這支特種部隊赴美國和以色列接受反暴動訓練。彼時，由亞圖洛·古茲曼·狄塞納（Arturo Guzmán Decena，1976-2002）領軍的特種部隊，對薩帕塔民族解放軍開火數小時後，即擊斃三十四人，隊員割下死者耳鼻，並將屍體

▲ 長久以來，墨西哥政府緝毒成效不彰，不僅精銳特種部隊變節，組成塞達集團四處作亂。總統賈德隆發動「毒品戰爭」，在六年內造成六萬餘人喪生。圖為手持標語的抗議民眾，抗議賈德隆的錯誤政策，使墨西哥陷入人間煉獄。

陳放於河邊示眾。不久後亞圖洛．古茲曼．狄塞納奉命取締海灣集團。

海灣集團當時由卡德納斯（Osiel Cárdenas Guillén，1967-）接掌，嘯聚東部的塔茅利帕斯（Tamaulipas）、新里昂（Nuevo León），觸角更跨越至密裘亞崁。亞圖洛．古茲曼．狄塞納出身貧窮，藉從軍脫貧，受到金錢誘惑而被卡德納斯收買，讓海灣集團的貨品安全通行。軍警收賄情形在墨西哥屢見不鮮，亞圖洛．古茲曼．狄塞納只是其中一例，他後來乾脆脫離軍隊，受雇於海灣集團，成為卡德納斯的心腹。

薩帕塔民族解放軍占據南部叢林十餘年後自動放下武器，精銳特

▲ 總統賈德隆對販毒集團發動「毒品戰爭」，不僅無法消滅販毒集團，反而掀起腥風血雨，墨西哥民眾於是聚集於老城區的憲法廣場，抗議政府無能。國家宮（Palacio Nacional）位於憲法廣場東側，是墨西哥聯邦行政機構所在地，每當民眾聚集抗議，墨西哥政府出動鎮暴警察，防範抗議民眾滋事，保護國家宮。。

種部隊卻受到販毒集團的利誘，不但未能效忠國家反而叛逃，埋下爾後的社會暴力伏筆。據信，亞圖洛·古茲曼·狄塞納會叛離軍隊，應與高階軍官古鐵雷斯·雷波幽在一九九七年被判處三十二年徒刑有關，而同年墨西哥軍隊尚有四百多名軍官因收賄遭羈押。與其遭判刑，不如鋌而走險，正是叛逃軍人的心態。

一九九九年，在亞圖洛·古茲曼·狄塞納在策畫下，成立了「塞達組織」，招募革命建制黨（Partido Revolucionario Institucioral）的分離分子、精銳特種部隊逃兵、前高階警官，擔任海灣集團的保鏢兼殺手。「塞達」（Zeta）係西班牙文最後一個字母「Z」的讀音，取自亞圖洛·古茲曼·狄塞納在墨西哥聯邦警察的無線電代碼「Z-1」。曾接受美國和以色列的特種訓練，亞圖洛·古茲曼·狄塞納也以同樣的訓練方式培訓組織成員。

二〇〇二年十一月，在沒有防備下，亞圖洛．古茲曼．狄塞納於一家餐廳遭墨西哥軍方擊斃。塞達組織並未因此瓦解，反而愈加壯大，為東家海灣集團效命，協助被捕的毒梟逃獄，暗殺宿敵華雷斯、西那羅亞等集團的重要幹部等。二〇〇四年，記者梅德因（Jorge Medellín）以〈一千三百八十二名精銳特種部隊叛逃〉（Desertan 1,382 militares de elite）為題，在報紙上揭露此事，令墨西哥社會一陣錯愕。同年六月，另一名記者布朗可內拉斯（Jesús Blancornelas）發行《塞達組織》（*Zeta*）周報，面對排山倒海而來的輿論壓力，墨西哥政府終於公開承認塞達組織確實存在。

由於塞達組織成員接受過特種部隊訓練，個個勇武壯碩，身手矯健，其配備規格媲美墨西哥軍隊，有：防彈衣、夜視頭盔、高頻無線電通訊設備、手榴彈、AK-47 突擊步槍、M-16 突擊步槍、MP5 衝鋒槍和 G3 自動步槍等高性能武器，堪稱最有組織、最善用科技的犯罪團體。

二〇一〇年，塞達組織與海灣集團決裂而自立門戶，勢力從最早起家的塔茅利帕斯，一直往西南部擴張至猶加敦半島和恰帕斯，甚至包括首都墨西哥城。除了販毒外，也不時挑釁其他販毒集團，更從事綁票、走私、洗錢、暗殺等犯罪行為。毒販、軍警、官員、記者紛紛成為被害目標，甚至市井小民、非法移民亦難逃毒品暴力的波及，有人永遠失蹤，有人被斬首，有人遭肢解，死狀淒慘。

近來因分贓不均，引起塞達組織分裂，而出現所謂的新世代塞達，讓治安早就亮起紅燈的墨西哥更籠罩在毒品暴力之中，凸顯政府的失誤政策。

黑道大姊：太平洋女王

墨西哥有一位人稱太平洋女王的女毒梟，在槍林彈雨中與男人爭食毒品市場的大餅。她的美貌、她的傳奇，引起極大的騷動，彷彿小說人物走出文本……

翻開國際販毒史，雖然擔任保鏢、殺手、甚至高階運送員，鮮少由女性出任，但大集團的幕後首腦並非清一色是男人。走上這一行的女人，若不是出生於販毒家族，不然就是毒梟的女人，或從低階運毒工作慢慢發跡，個個背後都有一段故事。

二〇〇二年，西班牙作家貝雷茲－

▲ 太平洋女王並非唯一的黑道大姊，女人染黑、染毒時有所聞。墨西哥曾有選美小姐與毒梟在一起而毀掉自己的名聲，作家於是刻意將選美小姐改為毒品小姐，冀望藉作品告誡年輕女孩，別如黑道大姊一般陷入毒品的漩渦。

雷維特（Arturo Pérez-Reverte，1951-）以墨西哥的販毒集團為藍本，出版了小說《南方女王》（*La reina del Sur*），勾勒出主人翁德蕾莎·緬多薩（Teresa Mendoza）的精采傳奇，為讀者開啟另一扇大門觀看毒品與女人，看一名幾乎目不識丁的平凡女性，如何蛻變，並建立一個龐大的運毒帝國，而有「南方女王」之稱。

畢竟德蕾莎是虛構人物，並不是每個與毒品有關的女人都像德蕾莎一般，可以扭轉乾坤，不少女人因毒而枉送性命。在真實生活中，墨西哥出現一位綽號太平洋女王（La reina del Pacífico）的黑道大姊，在槍林彈雨中與男人爭食毒品市場的大餅。

▲ 人稱太平洋女王的桑德拉·亞維拉·貝特蘭，出身毒梟世家，她的傳奇被寫成小說、也被譜成毒品寇里多。

桑德拉·亞維拉·貝特蘭（Sandra Ávila Beltrán，1960-）即太平洋女王。依西語系國家的命名習慣，名字「Sandra」後面接的是父姓「Ávila」，父姓後面的「Beltrán」為母姓，由此可探知太平洋女王的出身與幾位毒梟有關。

桑德拉出生於西那羅亞州，外祖父的貝特蘭（Beltrán）家族即從事毒品走私。大毒梟亞杜羅．貝特蘭．列伊瓦（Arturo Beltrán Leyva，1961-2009）為其表兄，係貝特蘭．列伊瓦家族集團的前掌門人，有「大哥中的大哥」（jefe de jefes）之稱，並另有「大鬍子」（El Barbas）、「白靴子」（Botas Blancas）等綽號，但於二〇〇九年遭軍警圍剿，最後中彈身亡。

桑德拉的外祖母來自菲利斯（Félix）家族，母親瑪琍亞．貝特蘭．菲利斯（María Luisa Beltrán Félix）與大毒梟菲利斯．賈亞多是表兄妹關係。菲利斯．賈亞多被喻為「墨西哥古柯鹼教父」，也被稱為「墨西哥古柯鹼沙皇」，他於一九八九年被捕，但仍在獄中遙控販毒，不過他所建立的毒品帝國終究分裂成兩個集團：一個由表親阿瑞亞諾．菲利斯兄弟所操控的提華納集團，另一個則由矮子古茲曼等人創立的西那羅亞集團。

出生於毒梟家族，桑德拉比其他女人更瞭解販毒作業。她曾有兩段婚姻，第一任丈夫是西那羅亞州的高階警官，第二任丈夫是墨西哥聯邦政府反毒機構的官員。在兩任丈夫的庇護下，桑德拉的販毒事業日益壯大。後來認識了男友胡安．迪耶哥．艾斯畢諾薩（Juan Diego Espinosa），即綽號「老虎」（El Tigre）的哥倫比亞毒梟，為哥國「北谷集團」（Cártel del Norte del Valle）的第二號人物。在「老虎」的相助下，事業版圖更從哥倫比亞延伸至美國。桑德拉與「老虎」定居在墨西哥城，共同經營美容中心，以此掩護販毒事實。

二〇〇二年，桑德拉的獨生子被綁架，這位在黑幫打滾的女王竟然亂了方寸，一開始報警處理，後來又不願警方介入，並逕自支付了綁匪三百萬美元贖金，桑德拉的異常行為與雄厚財力引起警方的注意，於是長期跟監她，終於發現她每月從哥倫比亞走私古柯鹼三十公噸至美國。

二〇〇七年九月，桑德拉落網。同時被捕的還有「老虎」，墨西哥當時正陷入「毒品戰爭」的泥淖中，這個事件無疑給政府打了一劑強心針，總統賈德隆藉機嚴厲譴責桑德拉，指控她建立一條從哥倫比亞到美國的海上運毒路線，是拉丁美洲最危險的女毒販。

不少創作「毒品歌謠」的樂團以這麼一位黑道大姊為題材，歌詞中刻意強調她的高貴身分與地位，是女王中的女王。的確，她的美貌、她的傳奇，引起極大的騷動，彷彿德蕾莎走出小說文本，連總統賈德隆都將她比擬成另一個「南方女王」。顯然，毒品與女人是一個極為聳動的議題，不啻貝雷茲－雷維特的《南方女王》受到各方矚目，桑德拉與德蕾莎在某種方面有相似性，墨西哥小說家席瑞（Julio Scherer García，1926-2015）於是以她為原型寫下《太平洋女王：該是敘述的時刻》（*La reina del pacífico: es la hora de contar*），滿足讀者對毒品女王的好奇。

對於各界的批評，桑德拉則相當不以為然，極力否認所有的指控，然而仍因洗錢、販毒、組織犯罪、非法擁有槍械等罪名遭判刑，在入監服刑七年後，於二〇一五年獲釋。桑德拉低調步出監獄，身材與容貌均走樣，太平洋女王是否重操舊業？只有她自己才有答案。

瘋狂生命：變調童年的神話

薩爾瓦多內戰期間，造成了十萬餘名孤兒，變調的童年，看盡殺戮與死亡，儘管部分孩童有幸能逃離戰火流亡美國，卻成為美國社會的邊緣人，最後為了求自保，而自組幫派……

早在一九三〇年代，美國即出現拉丁裔幫派；一九四〇年代，美國的墨裔不良少年，穿上及膝的大西裝外套，搭配緊身長褲，特立獨行，到處惹事生非，被稱為巴秋哥（pachuco）。巴秋哥走入歷史後，由丘洛（cholo）取而代之。「cholo」一字源自阿茲特克的納瓦語「xolotl」（讀音：索洛特），為狗之意，在西班牙殖民時期用來稱呼有印地安血統的低下階層，二十世紀中葉則指在美國的墨裔不良分子，滿口俚語，獨特的肢體語言，穿著寬鬆褲子，白色汗衫外再罩上格子襯衫，而襯衫僅扣脖子上的鈕釦。

在美國，低下階層的拉丁裔因保留母國語言和習俗，又與美國社會格格不入，而成為社會邊緣人，備受欺壓，最後為了求自保，不是加入幫派，就是自組幫派，在團體中尋求慰藉。不同時代有不同的拉丁裔幫派，間接反應出拉丁美洲動盪的政局，其中，以一九八〇年代所產生的黑幫最令人震撼，影響深鉅。

一九八〇年，薩爾瓦多左派游擊隊「法拉本都．馬蒂民族解放陣線」揭竿起義，與政府軍展開持續十二載（1980-1992）的內戰。烽火連天，薩爾瓦多兒童僅能度過純真的十一歲，一旦過了十二歲，就會被政府強制徵召入伍，若不願加入政府軍，那只好加入游擊隊。不論作何選擇，十二歲的小孩必須提早面對生離死別，體驗戰爭的殘酷血腥，這段悲慘的史實被改拍成電影《純真十一歲》（*Voces inocentes*）。一九九二年，終於在當時聯合國祕書長裴瑞茲（Javier Pérez de Cuellar，1920-2020）的斡旋調停之下，政府軍和游擊隊簽訂和平協議。

▲ 電影《純真十一歲》揭露薩爾瓦多內戰的殘酷事實，孩童到了十二歲，不是被政府強制徵召入伍，就是加入反政府的游擊隊，人生再也回不去純真的十一歲。

化干戈為玉帛就從此天下太平了嗎？也不盡然。內戰期間，造成了十萬餘名孤兒，許多孩童曾接受過軍事訓練，看盡殺戮、見識死亡。變調的童年，不僅身心受創，也影響了往後人生，儘管部分孩童有幸能逃離戰火流亡美國，卻因生活無以為繼，再加上文化差異，而處處受到欺凌，於是組成幫派報仇雪恨，其反撲心態比上一代的幫派更為強烈，更充滿仇怨。

「瑪拉·薩爾瓦杜魯恰」（Mara Salvatrucha）就在這種背景下於一九八〇年代形成，起初發跡於洛杉磯畢可聯盟（Pico-union）拉丁裔社區。不過，這個彼時才興起的青少年幫派為了爭地盤，而與原來盤踞在十八街的墨西哥裔黑幫「Mara 18」[11]結怨；為了與之區分，而有「MS」、或「Mara」、或「MS13」之簡稱。

▲薩爾瓦多內戰期間，造成十萬餘名孤兒，儘管部分孩童有幸能逃離戰火流亡美國，但變調的童年讓孩童在幫派中找尋溫暖，黑幫「瑪拉·薩爾瓦杜魯恰」就在這種背景下形成。

11 「Mara 18」或稱「B 18」，B 即社區（barrio）的縮寫。

「Mara」（瑪拉）乃中美洲的用語，等於西班牙常用的「小幫派」（pandilla）、「族群」（colla）、「團體」（grupo），亦即，一群居住在同一個社區的朋友。因而有「學生團體」（mara de estudiantes）之用法，係取自「marabunta」（蟻災）一字，意思為年少輕狂、容易滋生事端的一群。至於「Salvatrucha」（讀音：薩爾瓦杜魯恰），乃形容「Mara」的陰性形容詞，其陽性為「Salvatrucho」，意指「聰明的薩爾瓦多人」、或「覺醒的薩爾瓦多人」、或「準備好的薩爾瓦多人」，其語義來自「trucha」（鱒魚），形容儼如鱒魚一般聰明靈敏。另外，有學者持不同看法，認為原文中的陽性形容詞「trucho」應該源自對宏都拉斯人的暱稱「catrachos」，而「catrachos」則來自「xatruch」（讀音：薩杜魯奇），指宏都拉斯獨立後的名將弗倫西歐·薩杜魯奇（Florencio Xatruch，1811-1893），他曾率領國人到尼加拉瓜擊退意圖染指拉美的美軍；因此，後人以「薩杜魯奇」來稱呼英勇的宏都拉斯人，而「薩爾瓦杜魯恰」就是薩爾瓦多人與宏都拉斯人的組合名詞。

簡言之，「瑪拉·薩爾瓦杜魯恰」就是拉丁裔黑幫，可分為「MS13」和「Mara 18」。這兩個拉丁裔黑幫本來就不合，又因利益衝突常與其他亞、非裔黑幫起衝突。

不少中美洲人為了遠離戰火和貧窮而流亡至美國，同時也有許多冀望追求美好未來的墨西哥人偷渡到美國。這些拉丁裔青少年，不論薩爾瓦多人抑或宏都拉斯人，不論瓜地馬拉人抑或墨西哥人，同屬美國社會的低下階層，雖有共同語言和民族情愫，卻為各自利益組成不同的幫派，冀望在群體中找尋自我的存在價值，締造自己的神話，以暴力等瘋狂行為鋪寫生命史。

瘋狂生命：拉美黑幫的信仰

「瑪拉·薩爾瓦杜魯恰」成員以單手、或雙手比出牛角手勢，而這個手勢就是「M」字的倒寫；除了手勢之外，幫派成員亦創造出各式各樣的術語黑話，沉醉在儼然槍林彈雨般的重金屬樂，祕密舉行詭譎儀式，在社區的公共牆面隨意塗鴉，在自己臉部和身上刺青……

以「瘋狂生命」（La vida loca）為口號，「瑪拉·薩爾瓦杜魯恰」成為美國拉丁裔青少年的新宗教，一個不同於傳統信仰的新宗教，因而吸收了大批的青少年加入。當成員勢力壯大之後，刻意賦予「Mara」、或「MS13」、或「Mara 18」特殊含義，凸顯與眾不同。例如：「M」除了是「Mara」的縮寫之外，是英文的第十三個字母，為大麻俗稱「marihuana」的第一個字母，也是墨西哥（México）的第一個字母；至於數字 18，係由三個阿拉伯數字 6 所組成，是《聖經·默示錄》裡的野獸符號（666），也代表洛杉磯第十八街。

出身低下階層的青少年，其家庭功能往往不健全，在無謀生能力的情況下，面對資產階級的優渥生活環境，自然產生「文化衝突」和「身分挫折感」，因此有過度的「行為反應」，而形成偏差的價值觀，容易成為幫派的招募對象，並蔚為幫派次文化。對黑幫分子而言，犯罪乃自我探索的英雄旅程，透過暴力行為克服那侵襲內心的孤獨力量和身分挫折感。以下是一名「瑪拉·薩爾瓦杜魯恰」分子的告白：

我十三歲加入幫派。之前的我十分孤單，一直在找尋溫暖，希望得到尊重，冀望他人可以愛我，而幫派給了我一切。他們愛我、照顧我。沒錯，我是幫派分子，是「Mara 18」的成員。在幫派裡，我腦海中只有殺人，不然就被殺。為了存活下來，我必須殺人；為了填飽肚子，我必須搶劫。

從生到死，人類必需面對各個人生階段，更要經歷許多重要變化，因而發展出不同里程碑的儀式與典禮，例如：領洗禮、成年禮、入門儀式、結婚典禮。質

▲這本書書名為《今天你的死期到了》，內容探討黑幫「MS13」、或「Mara 18」，封面為一黑幫成員，滿臉刺青，每個刺青符號均有其特殊意義，也象徵個人的勳章。

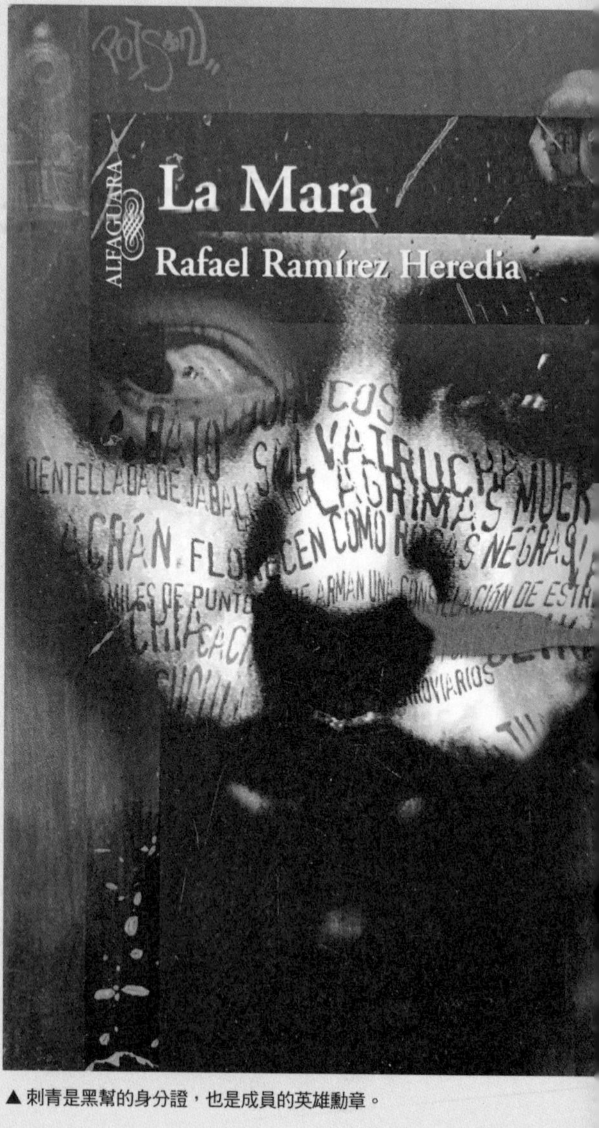

▲刺青是黑幫的身分證，也是成員的英雄勳章。

言之，儀式是符號，也是契約，係告別過去、進入另一個歷程的門檻。若說幫派是青少年的宗教，那麼幫派所執行的儀式就是盟約，成員透過這個盟約而產生歸屬感。於是，「瑪拉．薩爾瓦杜魯恰」成員以單手、或雙手比出牛角手勢，而這個手勢就是「M」字的倒寫；除了手勢之外，幫派成員亦創造出各式各樣的術語黑話，沉醉在儼然槍林彈雨般的重金屬樂，祕密舉行詭譎儀式，在社區的公共牆面隨意塗鴉，在自己臉部和身上刺青……如此獨特作風成了「瑪拉．薩爾瓦杜魯恰」分子彼此之間的暗號，也宛如劍和盾牌之類的神兵利器，教他們勇往直前。

「瑪拉．薩爾瓦杜魯恰」的入門儀式也同樣充滿暴力。入會時，新進分子必須忍受舊成員痛毆毒打達十三秒，象徵「MS13」所代表的數字；若要進入「Mara 18」則需要遭受十八秒的毆打。如此殘害身體的儀式彷彿古代的活人獻祭，穿越嚴峻考驗的長廊，走入新生的世界。

墨西哥作家拉米雷斯（Rafael Ramírez Heredia）在《黑幫》（*La Mara*）一書當中如此寫道：

> 為了展現出一個黑幫分子的氣魄，無論別人打得他眼冒金星，就是不能倒下，儘管別人如何撕裂他的靈魂，就是不可抱怨，「瘋狂生命」

▲ 除了刺青外，黑幫成員的手勢亦有含義，例如，以單手、或雙手比出牛角手勢，而這個手勢就是「M」字的倒寫。

教他如何成為「瑪拉・薩爾瓦杜魯恰」的一分子，對此，他眉頭皺也不皺，於是調整好睪丸位置，準備承受這幾秒鐘的毆打，相較之下，還未加入這個大家庭之前所受的挨打更是殘酷……

刺青是「瑪拉．薩爾瓦杜魯恰」分子的身分證，也是瘋狂生命的畫布。成員在臉部和身體刺滿各種圖騰，除了代表幫派的「M」字之外，常見的有：蛇、鳥、眼淚、十字架、骷髏頭，以及一些天主教符號。其中，眼淚和十字架有特殊含義，成員一旦殺人了一個人，就在自己身上刺上一滴淚珠、或一個十字架；因此，眼淚、或十字架的圖案越多，顯示該分子所殺的人數越多。另外，手上虎口通常刺有三個點，分別代表醫院、監獄、墳墓，象徵瘋狂生命所帶來的三種可能後果：受傷、被捕、死亡。

刺青不只是裝飾作用，在原始部落被視為犧牲、神祕和魔力的象徵，是進行宗教儀式時與天地能量溝通的符碼；刺青也代表階段的啟始，是個人成長或部落鞏固權力的證明；刺青在某些文明裡還被當成奴隸與罪犯的烙印。「瑪拉．薩爾瓦杜魯恰」分子則視刺青為個人的英雄勳章，藉以記載自己的暴力神話。對幫派分子而言，刺青有宣示和挑釁作用，並營造震懾氛圍。

瘋狂生命：販毒集團的打手

發跡於城市的貧民區，但為了躲避警察緝捕，邊境成為「瑪拉·薩爾瓦杜魯恰」的犯罪溫床，充斥著械鬥、搶劫、走私、販毒、綁架、勒索、謀殺、性侵等犯罪行為，嚴重影響拉丁美洲國家的治安。

在洛杉磯警方的掃蕩下，「MS13」與「Mara 18」均有不少成員被捕、或被遣返原生地，然而，他們所創造的神話竟然如野火一般，延燒到美國各州，往北到達加拿大，往南則回到墨西哥、薩爾瓦多、宏都拉斯、瓜地馬拉、尼加拉瓜等國。

發跡於城市的貧民區，但為了躲避警察緝捕，邊境成為「瑪拉·薩爾瓦杜魯恰」的犯罪溫床。美國與墨西哥交界的沙漠，墨西哥與瓜地馬拉毗連的叢林，薩爾瓦多與宏都拉斯接壤的山林，瓜地馬拉、宏都拉斯、薩爾瓦多三國之間的低地，甚至這些國家境內的各州、各省邊境，儼然一個錯綜複雜的舞臺，上演著扭曲變形的戲碼，有械鬥、搶劫、走私、販毒、綁架、勒索、謀殺、性侵等，凸顯出一個五方雜處的邊境文化，嚴重影響這些國家的治安。

一九九〇年，數名「瑪拉·薩爾瓦杜魯恰」成員從洛杉磯流竄到墨西哥南部的恰帕斯州，占據廢棄火車站作為犯案地點，搶劫載貨火車和穿越邊境的偷渡客。過了三十年光景，墨西哥境內到底有多少「瑪拉·薩爾瓦杜魯恰」分子並無確切統計數據，估計超過五千名成員，散布在國內的二十五個州當中，以恰帕斯、委拉克路斯、塔巴斯科（Tabasco）、瓦哈卡（Oaxaca）、塔茅利帕斯、下加利福尼亞等州人數最多。

中美洲各國內戰陸續結束

▲ 黑幫所締造的神話如野火一般，從美國往北延燒到加拿大，往南則蔓延至拉美各國，再者，黑幫為了維持開銷而四處犯案，後來與塞達組織掛鉤，協助販毒走私。

後，依然有數以萬計的中美洲人民視美國為天堂，在籌足旅費後便透過人蛇集團的安排，以墨西哥為跳板往北遷徙，「瑪拉·薩爾瓦杜魯恰」伺機搶劫、或勒索這些弱勢的偷渡客，雖然搶得的錢財不多，收取的贖金也有限，但以量取勝，仍是可觀的不義之財。

發展至今，「瑪拉·薩爾瓦杜魯恰」已非一般反社會的青少年團體，而是暴力黑幫，種種瘋狂行為引起學者注意，也是記者追逐獨家新聞的目標。二〇〇四至二〇〇六年期間，法國記者波維達（Christian

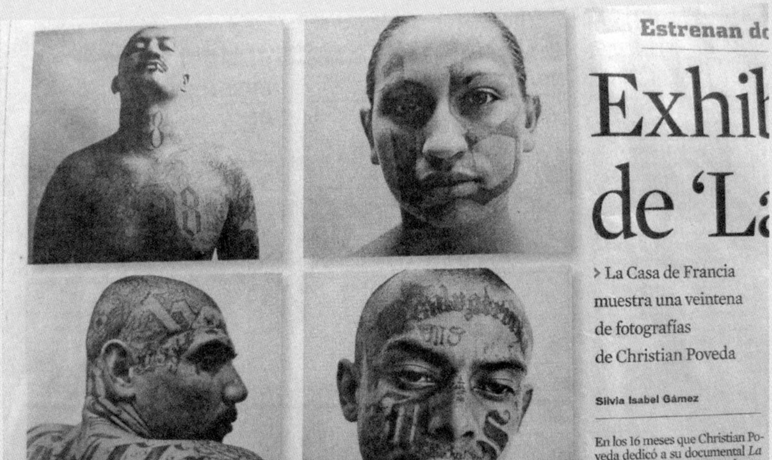

Estrenan d

Exhib

de 'La

> La Casa de Francia muestra una veintena de fotografías de Christian Poveda

Silvia Isabel Gámez

En los 16 meses que Christian Poveda dedicó a su documental *La vida loca*, filmó apenas 70 horas. "No quería falsear la realidad", dice su amigo Emilio Maillé. Deseaba que su cámara se volviera invisible entre los maras de La Campanera. Una vez ganada su confianza, impuso las reglas: no

> Algunos de los maras que aparecen en la exposición participan en "La vida loca". En el barrio de La Campanera, 50 adolescentes de entre 16 y 18 años aguardan la cárcel o la muerte.

▲ 不少記者冒險深入黑幫紀錄其生活形態與犯罪行為，因而為自己招來不幸，法國記者波維達即其中一例。駐墨西哥的法國中心為紀念波維達，從影片中挑出二十張珍貴畫面，舉行「瘋狂生命原版照片展」，揭露社會邊緣人的悲歌。

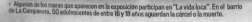

Poveda，1955-2009）在「Mara 18」的同意下，與薩爾瓦多的成員共同生活了十六個月，並拍攝了一支七十小時的紀錄片，名為《瘋狂生命》（*La vida loca*）。波維達承諾不公開影片內容，影片後來還是流出，波維達因而於二〇〇九年九月二日遭暗殺身亡。二〇一〇年十月一日，駐墨西哥的法國中心（Casa de Francia）為紀念波維達，從影片中挑出二十張珍貴畫面，舉行「瘋狂生命原版照片展」，揭露社會邊緣人的悲歌。

原來的走私、勒索、搶劫等不法行為，已不足以維持幫派的開銷與本身吸毒的費用，部分「瑪拉．薩爾瓦杜魯恰」成員於是為矮子古茲曼的西那羅亞集團效命，從事運毒工作。另外，也有「MS13」成員與塞達組織掛鉤，接受所提供的專業軍事訓練，包括操作AK-47突擊步槍、反坦克步槍、榴彈發射器等精良武器，成為旗下殺手，並兼做販賣人口之類的工作。

在「瑪拉．薩爾瓦杜魯恰」的協助下，墨西哥販毒集團得以將勢力擴及中美洲。「瑪拉．薩爾瓦杜魯恰」以游擊方式經營出一條從中美洲到洛杉磯的跨國走私路線，並確保在七十二小時以內將貨品送到指定地點。瓜地馬拉、薩爾瓦多及宏都拉斯所形成的三角地帶，是拉丁美洲最貧窮的區域，卻是販毒集團搶奪的地盤，因而成為最暴力的地區。

毒品問題因「瑪拉．薩爾瓦杜魯恰」的加入而更為複雜，「瑪拉．薩爾瓦杜魯恰」則因毒品走私而更加壯大。北自洛磯山脈、南到安地斯山區、西至太平洋、東臨墨西哥灣，甚至跨海至西班牙，「瑪拉．薩爾瓦杜魯恰」幾乎無所不在，而這也是拉美各國所必須正視的治安課題。

▼ 拉美各國近年因「瑪拉·薩爾瓦杜魯恰」不斷壯大，治安亮起紅燈，嚴重影響觀光業。圖為哥倫比亞首都波哥大的一個社區，典型的殖民地建築，狹窄街道看似幽靜，其實危險四伏，因此警察駐守維護社區安全。

人
文。
025

魔幻拉美 I
動盪中的華麗身影

國家圖書館出版品預行編目 (CIP) 資料

魔幻拉美 . 1, 動盪中的華麗身影 / 陳小雀著 . --
初版 . -- 臺北市 : 聯合文學, 2020.08
280 面 ; 14.8x21 公分 . -- (人文 ; 25)

ISBN 978-986-323-351-0 (平裝)

1. 區域研究 2. 現代史 3. 拉丁美洲

754　　109010102

出版日期／2020 年 8 月　初版
定　　價／380 元

ISBN 978-986-323-351-0 (平裝)
本書如有缺頁、破損、裝幀錯誤，請寄回調換

作　　者／陳小雀
發 行 人／張寶琴

總 編 輯／周昭翡
主　　編／蕭仁豪
資深編輯／尹蓓芳
編　　輯／林劭璜
實習編輯／王雨柊　莊貽茹
資深美編／戴榮芝
業務部總經理／李文吉
行銷企劃／蔡昀庭
發行專員／簡聖峰
實習助理／游乃衡　張睿宜
財 務 部／趙玉瑩　韋秀英
人事行政組／李懷瑩
版權管理／蕭仁豪

法律顧問／理律法律事務所 陳長文律師、蔣大中律師
出 版 者／聯合文學出版社股份有限公司
地　　址／110 臺北市基隆路一段 178 號 10 樓
電　　話／(02) 2766-6759 轉 5107
傳　　真／(02) 2756-7914
郵撥帳號／17623526 聯合文學出版社股份有限公司
登 記 證／行政院新聞局局版臺業字第 6109 號
網　　址／http://unitas.udngroup.com.tw
E－mail：unitas@udngroup.com.tw
印 刷 廠／禾耕彩色印刷事業股份有限公司
總 經 銷／聯合發行股份有限公司
地　　址／234 新北市新店區寶橋路 235 巷 6 弄 6 號 2 樓
電　　話／(02) 29178022